뉴로피드백의 세계

NEUROHARMONY NEUROFEEDBACK

뉴로하모니 임상사례집

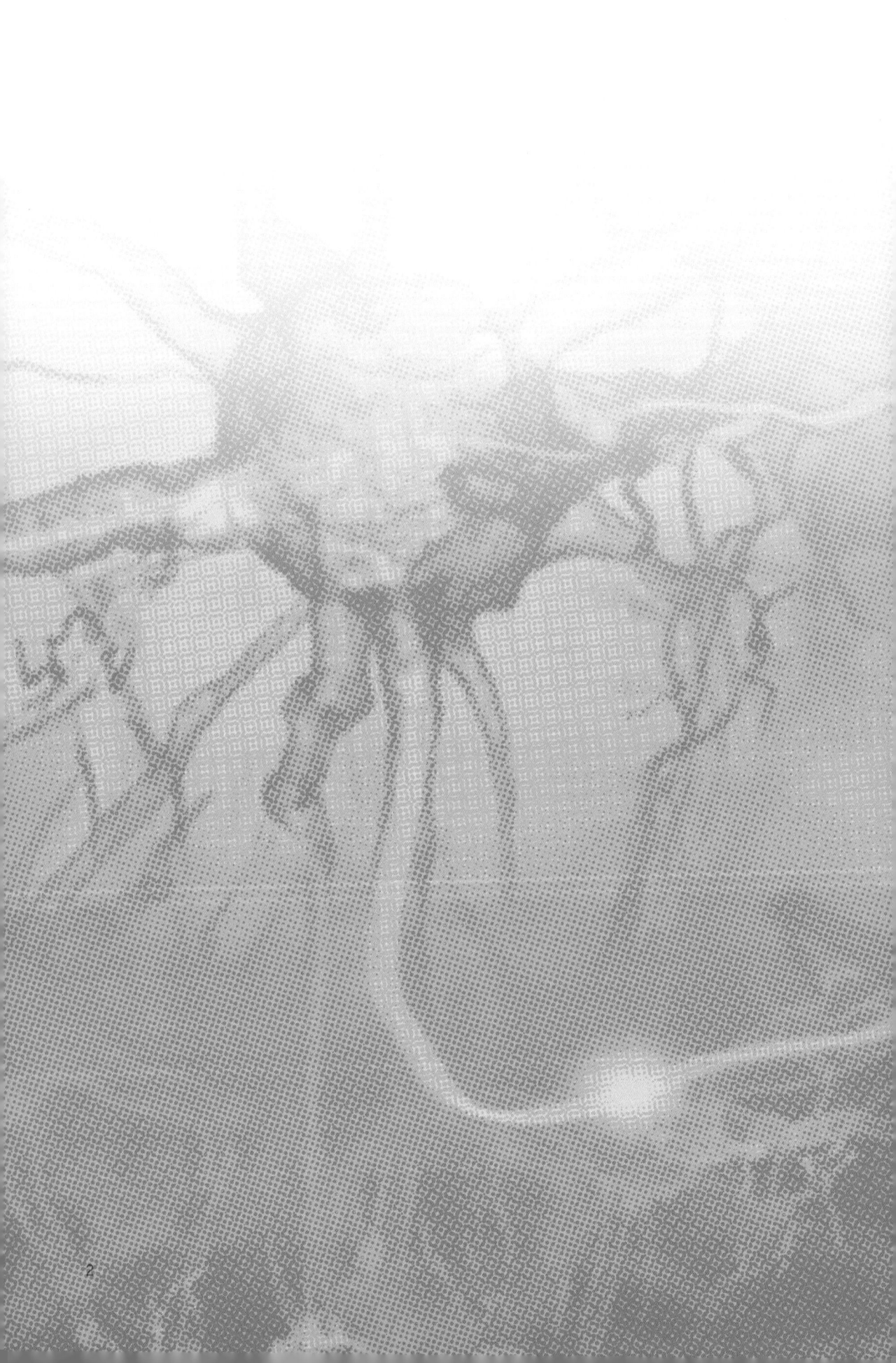

NEUROHARMONY
NEUROFEEDBACK

‖ INDEX ‖

Prologue　　　　　　　　　　　　　　　　　　　11

뇌의 소리를 듣다
- 마음이 머무는 곳, 뇌의 이야기　　　　　　　　12
- 뇌파를 통해 본 우리의 내면　　　　　　　　　　15
- 뉴로피드백이란 무엇인가?　　　　　　　　　　19
- 뉴로하모니, 우리의 뇌를 어떻게 도울 수 있을까?　25

PART 1　　　　　　　　　　　　　　　　　　　27

뇌의 이야기: 우리는 어떻게 변할 수 있는가?

1장. 뇌는 우리가 경험한 모든 것을 기억한다
- 뇌는 어떻게 작동하는가?　　　　　　　　　　　29
- 신경망과 뉴런: 연결의 힘　　　　　　　　　　　34
- 신경가소성: 뇌는 평생 변화한다　　　　　　　　37
- 감정, 기억, 사고를 결정하는 뇌의 메커니즘　　　41

2장. 뇌파는 우리의 감정을 노래한다
- 뇌파란 무엇인가? (델타, 세타, 알파, SMR, 베타, 감마)　45
- 주파수는 우리 감정과 행동을 어떻게 결정하는가?　47
- 심리적인 모든 것은 뇌파에서 시작된다　　　　　59

뉴로피드백의세계

NEUROHARMONY
NEUROFEEDBACK

3장. 뉴로피드백의 여정

- 뇌파의 발견과 초기 연구 — 63
- 뉴로피드백의 태동 — 65
- 임상 연구와 실용적 적용 — 71
- 신경가소성과 뉴로피드백 — 75

PART 2 — 78

치유의 과정 : 뉴로피드백은 어떻게 삶을 변화시키는가?

4장. 뇌가 속삭이는 이야기 - 뉴로피드백 임상 사례

1. "가만히 앉아있지 못해요" - ADHD
   집중은 노력만으로 되는 걸까? — 82

2. "학습 도움반에 가요" - 느린학습자
   배움에도 리듬이 필요하다 — 108

3. "자기만의 세계에 갇혀 있어요" - 자폐스펙트럼
   타인의 감정을 읽는다는 것 — 121

4. "나도 모르게 몸이 움직여요" - 틱장애
   뇌는 어떻게 스스로를 조율하는가? — 133

5. "글씨가 자꾸 움직여요" - 난독증
   글을 읽는 것은 뇌의 춤이다 — 143

6. "무기력하고 아무것도 하기 싫어요" - 우울증 감정은 뇌의 리듬 속에서 살아난다	**155**
7. "하루 종일 게임 생각만 나요" - 게임중독 현실과 가상의 경계를 넘어서	**163**
8. "밤에 잠이 안와서 괴로워요" - 불면증 수면은 뇌의 회복 시간이다	**170**
9. "마음 속 깊은 상처가 있어요" - PTSD 기억 속에서 자유로워지기	**177**
10. "항상 긴장되고 불안해요" - 불안장애 뇌가 편안함을 배울 수 있을까?	**183**

PART 3
98

일상 속에서 : 뇌를 위한 작은 연습들
5장. 뇌는 스스로를 조율할 수 있다.

• 뇌를 훈련한다는 것, 그것은 나를 알아가는 과정	198
• 뉴로피드백과 함께하는 명상과 호흡	201
• 뉴로하모니, 어디서나 뇌를 훈련하다	205

© 참고문헌 212

뉴로피드백의세계

NEUROHARMONY
NEUROFEEDBACK

뇌파를 알아야
나와 너를 안다

"저 사람은 왜 저런 행동을 할까?" 대화가 안 통하고 말귀를 못 알아들어!", "왜 화가 났는지 알 수가 없네!"와 같은 생각을 해본 적이 있는가? 우리는 각자 다양한 의식과 감정을 표현하며 살아간다. 때로는 같은 언어를 쓰고 있음에도 불구하고 전혀 소통되지 않는 상대를 만나기도 한다. 이러한 이해의 차이는 결국 우리의 뇌에서 비롯된다.

뇌에는 사고를 담당하는 뉴런(신경세포)이 약 1,000억 개 존재한다. 이들 신경세포는 서로 정보를 주고받을 때 전기 신호를 방출하는데, 이를 '뇌파'라고 부른다. 뇌파는 뇌의 목소리와 같아서, 의식과 감정 등 다양한 정신 활동을 반영한다. 따라서 뇌파를 통해 한 사람의 성격이나 행동 패턴을 파악할 수 있으며, 뇌파가 불안정한 경우에는 타인과의 관계에서 어려움을 겪을 수도 있다.

고도화된 디지털 사회 속에서 자신을 이해하고 타인을 더 깊이 이해 하기 위해 명상이나 알아차림을 추구한다. AI 기술이 급속히 발전한 지금, 뇌과학의 도움을 받아 뇌파를 통해 스스로를 깊이 이해할 수 있는 길이 열리고 있다. 자신의 뇌를 정확히 이해함으로써 우리는 뇌의 능력뿐 아니라 정신적·신체적 활동 전반에 대한 통찰력을 얻을 수 있다.

학습이나 업무 능력의 배경 역시 뇌에 있다. 과거의 경험이 기억으로 남듯, 지나온 병력이나 마음의 상처도 뇌에 흔적을 남긴다. 우리의 모든 상태를 조절하는 뇌를 이해하는 일은 결국 스스로를 알아가는 길이자, 타인을 이해하는 출발점이 된다.

뇌파를 통해 자신의 내면을 탐색함으로써 문제의 원인을 보다 명확히 파악하고, 그에 대한 실질적인 해결 방법을 찾을 수 있는 시대를 맞이하고 있다.

그러므로 '뇌파를 알아야 나와 너를 알 수 있다'는 주제는 자기 자신을 탐색하는 여정일 뿐만 아니라, 자신의 뇌를 이해함으로써 더 나은 미래를 창조하는 출발점이 될 수 있다.

뉴로하모니를 통한
뉴로피드백의 세계로

오늘날 우리는 스트레스, 불안, 그리고 끊임없는 정보 속에서 살아가며, 스스로를 더 깊이 이해하고 정신 건강을 돌볼 필요를 절실히 느낀다. 마음의 안정을 찾기 위해 명상을 시도하거나 다양한 방법을 찾아보기도 하지만, 정작 '내 마음이 어떻게 작동하는가'에 대한 답을 얻기란 쉽지 않다. 이럴 때, 우리 뇌 속에서 벌어지는 일을 직접 들여다볼 수 있다면 어떨까?

뉴로피드백은 바로 그 길을 열어주는 기술이다. 뇌파를 실시간으로 측정하고 이를 사용자에게 피드백함으로써, 스스로의 뇌 상태를 조절할 수 있도록 돕는 도구다. 마치 거울을 통해 자신의 표정을 살피듯, 뉴로피드백은 뇌파를 시각화하고 뇌의 상태를 이해하며 변화시킬 수 있는 가능성을 제공한다.

뇌파는 신경세포들이 전기 신호를 주고받으며 만들어내는 파동으로, 우리의 감정, 집중력, 수면 등 다양한 정신적 상태를 반영한다. 뉴로피드백은 이러한 뇌파 패턴을 감지하고, 화면의 변화나 소리 등을 통해 사용자에게 피드백을 제공함으로써, 특정한 뇌파 패턴을 스스로 조절하도록 유도한다. 예를 들어, 불안을 완화하기 위해 알파파를 증가시키거나, 주의력을 향상시키기 위해 베타파를 강화하는 등, 목표에 따라 뇌파 조절 훈련이 가능하다.

뉴로피드백은 ADHD, 우울증, 불면증 등의 증상 완화에 널리 활용되며, 뉴런이 새로운 연결을 형성하는 신경가소성의 원리를 기반으로 뇌를 보다 효율적으로 재구성하는 데 기여한다. 이 훈련은 단순히 마음의 평화를 위한 수단을 넘어, 다양한 심리적·신경학적 문제를 관리하는 강력한 도구로 자리 잡고 있다.

이제 우리는 뉴로피드백을 통해 뇌의 목소리를 듣고, 스스로의 내면을 더 깊이 이해할 수 있는 시대에 살고 있다. 뉴로피드백의 세계로 들어가 뇌의 비밀을 탐구하는 이 여정이, 자기 자신을 알고 성장하는 길이 되기를 바란다.

저자의 한마디

이 책을 쓰게 된 계기의 시작점에는 나의 아들이 있다. 아들은 경계성 아스퍼거 증후군을 가지고 있어 사회성 발달이 더딘 편이었고, 또래와의 교류에도 어려움을 겪었다. 나 역시 난독증이 있어 책을 읽는 일이 쉽지 않았지만, 여러 권의 책을 읽고 이렇게 글을 쓰고 있는 지금 이 순간이 그저 놀랍기만 하다.

아들은 여덟 살 때부터 꾸준히 뉴로하모니 뉴로피드백 훈련을 받기 시작했고, 점차 긍정적인 변화를 보이더니 결국 대학에 진학하고 군에 입대하기에 이르렀다. 이러한 경험을 통해 얻은 다양한 임상 사례와 변화의 과정을 다른 뉴로하모니 사용자들과 나누고자 하는 마음에서 이 책을 쓰게 되었다.

아들의 성장은 내게도 큰 변화와 배움을 안겨주었다. 아들 덕분에 심리학 공부를 시작하게 되었고, 뉴로피드백을 연구하면서 이 기법이 오늘날 꼭 필요한 상담 도구라는 확신을 갖게 되었다. 이후 파낙토스 통합뇌센터를 운영하며 다양한 임상사례를 경험했고, 그 과정에서 뉴로피드백이 사람들 간의 이해와 회복에 얼마나 효과적인지를 깊이 체감할 수 있었다. 특히 AI 기술의 발전은 뉴로피드백 상담의 접근성과 효과를 더욱 확장시켜, 지금은 누구나 보다 쉽게 뇌의 상태를 이해하고 훈련할 수 있는 시대가 되었다.

이 책에는 지난 10년간의 뉴로하모니 임상 경험을 담았다. 새롭게 개발된 뉴로하모니 S20, BT뉴로스펙, BQ2 뇌기능검사를 활용한 사례들을 중심으로 구성하였으며, 독자들이 쉽게 이해할 수 있도록 최대한 친절하고 명료하게 설명하고자 하였다.

마지막으로, 멋지게 성장해 준 아들에게 진심으로 고마움을 전한다. 그리고 나와 비슷한 어려움을 겪고 있는 부모들에게 이 책이 작은 희망이 되기를 진심으로 바란다.

2025년 04월
김 서 영

[Prologue]

뇌의 소리를 듣다

우리는 평생 자신의 뇌와 함께 살아간다. 그러나 정작 뇌가 보내는 신호에 귀 기울이며 살아가고 있을까?
생각과 감정, 기억과 행동의 모든 출발점은 바로 뇌에 있지만, 우리는 그 뇌가 어떻게 작동하는지 잘 알지 못한 채 일상을 이어간다.
노먼 도이지는 그의 저서『스스로 치유하는 뇌』에서 뇌가 단순한 기계가 아니라, 유연하고 변화 가능한 살아 있는 존재임을 보여주었다.
한때는 한 번 손상된 뇌는 회복이 불가능하다고 여겨졌지만, 뇌과학의 발전은 뇌가 스스로를 치유하고 변화시킬 수 있는 능력을 지니고 있음을 밝혀냈다.
이제 우리는 뇌가 단순한 신경망이 아니라, 끊임없이 자신을 재구성하고 조율할 수 있는 능동적인 기관이라는 사실을 알게 되었다.
그리고 뉴로피드백은 이러한 변화의 과정을 촉진하는 강력한 도구가 된다.

마음이 머무는 곳, 뇌의 이야기

우리는 매일같이 생각하고, 감정을 느끼며, 과거를 떠올리고 새로운 경험을 쌓아간다. 때로는 기쁨에 차오르고, 때로는 슬픔에 잠기며, 어떤 순간에는 불안과 기대가 교차한다. 그런데 이런 모든 과정이 어디에서 비롯되는지 생각해 본 적이 있는가?

우리의 기쁨과 슬픔, 사랑과 아픔, 기억과 희망이 모두 머무는 곳, 바로 뇌에서 비롯된다.

뇌는 단순한 신경조직의 집합체가 아니다. 그것은 세상을 경험하는 방식 자체를 결정하는 공간이며, 우리가 누구인지, 어떻게 살아가는지를 담고 있는 내면의 설계도와 같다. 우리는 뇌를 통해 세상을 보고, 듣고, 느끼며, 뇌는 우리의 경험을 받아들여 그에 따라 스스로를 변화시킨다. 그렇기에 뇌를 이해한다는 것은 곧 자기를 이해하는 과정이기도 하다.

과거의 과학자들은 뇌가 고정된 기관이며, 성인이 되면 더 이상 변하지 않는다고 생각했다. 하지만 오늘날 우리는 뇌가 평생 동안 변화할 수 있으며, 환경과 경험에 따라 끊임없이 스스로를 조율하는 능력을 가지고 있음을 알고 있다. 이러한 능력을 신경가소성(Neuroplasticity)이라고 부른다.

뇌는 단순한 기억 저장소가 아니라, 반복적으로 경험하는 것들을 학습하고, 필요 없는 연결은 정리하고, 더 나은 방향으로 나아갈 수 있도록 스스로를 변화시키는 살아 있는 유기체다.

어린 시절 처음 자전거를 배울 때를 떠올려 보자. 처음에는 페달을 밟기도 어렵고, 균형을 잡는 것이 쉽지 않다. 몇 번이고 넘어지지만, 반복할수록 점차 균형을 잡는 법을 익히고, 결국 무의식적으로 자연스럽게 페달을 밟아 나가게 된다. 처음엔 어색하던 동작들이 점차 몸에 익숙해지고, 뇌는 그 경험을 통해 뉴런 간의 연결을 더욱 강화하면서 새로운 능력을 습득한다. 이것이 바로 신경가소성의 힘이다.

신경가소성은 단순히 새로운 기술을 배우는 것에 그치지 않는다. 그것은 우리의 감정과 사고방식에도 영향을 미친다.

지속적으로 스트레스를 받거나 불안한 환경에 노출되면, 뇌는 그것을 새로운 '기본 상태'로 인식하고, 불안을 더 쉽게 느끼도록 뇌의 구조를 바꾸기도 한다. 반대로, 명상과 뉴로피드백 훈련을 통해 안정적인 감정을 연습하면, 뇌는 점차 더 편안한 상태를 기본값으로 설정하게 된다.

즉, 우리는 뇌가 어떤 방향으로 나아가도록 만들지를 선택할 수 있으며, 뇌는 우리가 주는 경험을 받아들여 변화한다.

이러한 뇌의 변화는 뇌를 구성하는 가장 작은 단위인 뉴런이라는 신경세포에서 시작된다. 뉴런은 경험하는 모든 정보를 전기적 신호로 바꾸어 서로 주고받으며, 새로운 경험을 할 때마다 뉴런 간의 연결이 강화되거나 약해진다. 이 연결을 시냅스라고 하며, 무언가를 반복적으로 학습할수록 시냅스는 더욱 강해지고 효율적으로 작동하게 된다.

그러나 뇌는 단순히 뉴런들의 집합이 아니다. 그것은 여러 영역이 협력하며 조화롭게 작동하는 거대한 네트워크다. 예를 들어, 전두엽은 계획을 세우고 감정을 조절하며 창의적인 사고를 가능하게 한다. 측두엽은 우리가 경험한 것을 기억하고, 음악을 감상하며, 감정을 처리하는 기능을 맡는다. 두정엽은 공간을 인식하고 신체의 움직임을 조율하며, 후두엽은 우리가 보는 모든 것을 해석하여 시각적 정보를 처리한다.

이처럼 뇌의 각 부분은 마치 거대한 오케스트라처럼 서로 긴밀히 협력하며, 세상을 경험하는 방식을 만들어 낸다. 우리는 뇌를 통해 세상을 보고 듣지만, 동시에 우리가 경험하는 방식 또한 뇌를 형성한다. 특정한 감정을 반복적으로 경험하면, 뇌는 그것을 하나의 패턴으로 학습하여 더 쉽게 그 상태에 도달 할 수 있도록 만든다. 그러므로 우리는 뇌가 어떤 방식으로 성장할지에 대한 선택권을 가지고 있다.

만약 뇌가 부정적인 경험을 반복적으로 학습하면, 불안과 우울이 기본적인 상태가 될 수도 있다. 반대로, 긍정적인 경험과 안정적인 감정을 지속적으로 학습하면, 뇌는 더욱 건강하고 균형 잡힌 상태를 유지할 수 있다.

뉴로피드백은 이러한 뇌의 학습 능력을 활용하여, 스스로를 더 효과적으로 조절 할 수 있도록 돕는 과정이다. 뉴로피드백을 경험한 사람들은 자신의 뇌파를 실시간으로 보면서, 어떻게 하면 더 집중할 수 있는지, 어떻게 하면 불안을 줄이고 감정을 안정시킬 수 있는지를 배운다.

이것은 단순한 치료가 아니라, 뇌가 스스로 변화하는 법을 배우는 과정이다. 마치 자전거를 배울 때처럼, 처음에는 어렵지만 반복할수록 점차 자연스럽게 뇌를 조절 할 수 있게 된다.

뇌는 우리가 경험한 모든 것을 기억하고 있다. 그러나 그 기억은 단순히 저장되는 것이 아니라, 우리의 사고방식과 감정 상태를 형성하는 데 영향을 미친다. 우리는 매일 뇌에게 새로운 경험을 선물하고 있으며, 생각과 감정, 습관은 뇌를 끊임없이 변화시키고 있다.

뇌는 우리가 살아가는 공간이다. 그리고 그 공간은 언제든 변화할 준비가 되어 있다.

당신의 뇌는 지금, 어떤 이야기를 들려주고 있는가?
우리는 그 이야기를 바꿀 수 있다.
이제는, 우리가 그 소리에 귀를 기울일 차례다.

뇌파를 통해 본 우리의 내면

어떤 날은 집중이 또렷하게 되는가 하면, 어떤 날은 아무리 애를 써도 머릿속이 흐릿하다. 때로는 차분하고 평온한 느낌이 들다가도, 예상치 못한 순간에 불안과 초조함이 몰려온다. 사람들은 흔히 이를 단순한 기분 변화로 여기지만, 사실 이러한 변화들은 뇌가 보내는 신호의 흐름과 밀접하게 연결되어 있다.

우리의 뇌는 그 안에서 신경세포인 뉴런들이 전기 신호를 통해 끊임없이 소통하고 있다. 이 미세한 전기적 신호가 만들어내는 패턴을 뇌파(brain wave)라고 부른다. 뇌파는 단순한 전기 신호가 아니다. 그것은 감정, 집중력, 창의력, 그리고 내면의 균형 상태를 반영하는 중요한 지표다.

마치 바람이 불어오는 방향을 통해 날씨를 예측할 수 있듯, 뇌파를 통해 현재의 정신 상태를 읽을 수 있다. 그리고 이 뇌파를 통해 스스로를 더 깊이 이해하고 변화시킬 수도 있다.

뇌의 리듬을 이루는 파동들

뇌는 끊임없이 움직이며, 특정한 주파수의 리듬을 만들어낸다. 우리가 깊이 잠들어 있을 때와 시험 문제를 풀며 머리를 쥐어짜고 있을 때, 뇌가 보내는 신호는 전혀 다르다. 이처럼 뇌파는 우리의 의식 상태에 따라 변화하며, 그 리듬을 분석하면 우리가 어떤 상태에 있는지를 알 수 있다.

뇌파는 크게 다섯 가지 주요 주파수로 나뉜다.

가장 느린 주파수를 가진 델타파(Delta, 0.5~4Hz)는 깊은 수면 상태에서 나타난다. 이때 뇌는 하루 동안 쌓인 피로를 회복하고, 기억을 정리하며, 뇌세포를 재생하는 중요한 작업을 수행한다. 델타파가 충분히 생성되지 않으면 숙면을 취할 수 없으며, 다음 날 극심한 피로감과 집중력 저하를 경험하게 된다. 그보다 조금 빠른 세타파(Theta, 4~8Hz)는 몽환적인 상태와 연결되어 있다. 명상을 하거나 창의적인 아이디어가 떠오를 때, 혹은 깊은 감정적 경험을 할 때 뇌는 세타파를 많이 만들어낸다. 어린아이들이 놀이에 몰입할 때 세타파가 강하게 나타나는 것도 같은 이유다. 하지만 세타파가 과도하게 많으면 멍한 상태가 지속되거나 집중력이 흐트러질 수 있다.

우리가 가장 편안하면서도 깨어 있는 상태일 때 나타나는 뇌파는 알파파(Alpha, 8~13Hz)다. 조용한 음악을 들으며 쉬거나, 해변에서 잔잔한 파도를 바라볼 때 뇌는 알파파를 많이 만들어낸다. 알파파는 긴장을 풀어주고 스트레스를 해소하며, 학습과 기억력 향상에도 중요한 역할을 한다.

논리적으로 사고하고 집중할 때는 베타파(Beta, 13~30Hz)가 활성화된다. 시험을 볼 때, 업무에 몰두할 때, 혹은 빠르게 결정을 내려야 할 때 뇌는 베타파를 증가시킨다. 하지만 베타파가 너무 높아지면 뇌는 과부하 상태에 빠지고, 스트레스와 불안이 증가할 수 있다.

가장 빠른 주파수를 가진 감마파(Gamma, 30Hz 이상)는 고차원적인 사고와 직관적 통찰, 문제 해결 능력과 관련이 있다. 창의적인 영감을 받거나, 여러 정보를 빠르게 종합해 이해할 때 감마파가 증가한다. 감마파는 세상을 인식하는 방식을 형성하는 중요한 요소 중 하나다.

이처럼 뇌파는 우리의 내면 상태를 그대로 반영한다. 그리고 뇌파의 균형이 깨지면, 우리의 감정과 행동에도 변화가 나타난다.

감정은 뇌의 파동 속에서 움직인다

우리는 때때로 이유 없이 불안해지고, 때로는 무기력함에 빠지며 집중이 되지 않는 날을 경험한다. 이는 단순한 감정 변화가 아니라, 뇌파의 조율 상태와 깊은 관련이 있다.

예를 들어, 스트레스를 많이 받으면 베타파가 과도하게 증가해 뇌가 과열 상태에 놓이게 된다. 이때 우리는 사소한 일에도 쉽게 예민해지고, 신경이 날카로워지며 불안감을 더욱 크게 느끼게 된다.

반대로, 알파파가 지나치게 줄어들면 긴장을 풀지 못하고, 끊임없이 생각에 사로잡혀 불안한 상태가 지속될 수 있다.

우울한 상태에서는 좌뇌 전두엽의 알파파가 증가하여 활동성이 감소하고, 우뇌에서는 세타파가 증가하는 경향을 보인다. 이러한 뇌파 패턴이 지속되면 부정적인 감정이 뇌에 깊이 각인되어 자기조절이 점점 더 어려워진다.

반면, 차분하고 안정적인 상태에서는 알파파와 SMR파(감각운동 리듬, 12~15Hz)가 균형을 이루어 평온함을 느끼게 된다.

하지만 다행히도, 훈련을 통해 뇌파는 변화할 수 있다.

우리는 뇌를 조율할 수 있다

명상을 하면 알파파와 세타파가 증가하고, 깊이 잠들면 델타파가 활발해지며, 집중할 때는 베타파가 활성화된다. 이는 곧 뇌가 특정 자극에 반응하여 뇌파를 조절할 수 있다는 의미이다.

뉴로피드백은 이러한 뇌의 조절 능력을 효과적으로 훈련하도록 돕는 기법이다.

뇌가 현재 어떤 뇌파를 생성하고 있는지를 실시간으로 보여주고, 특정한 패턴을 유지할 때 긍정적인 피드백을 제공함으로써 뇌가 자율적으로 균형을 맞추도록 유도하는 과정이다.

예를 들어, 만성 불안을 겪는 사람이 뉴로피드백을 통해 자신의 베타파가 지나치게 높다는 사실을 인식하고, 알파파를 증가시키는 훈련을 실시하면, 뇌는 점차 안정적인 패턴의 뇌파를 형성하게 된다.

이는 단순한 일시적 효과가 아니라, 반복적인 훈련을 통해 뇌의 기본 작동 방식이 변화하는 과정이다.

우리는 생각보다 훨씬 더 뇌를 조절할 수 있는 힘을 가지고 있다.

뇌파를 이해하고 조율하는 방법을 배우면, 감정을 더 잘 다스릴 수 있고, 스트레스를 관리하며, 집중력과 창의력 또한 향상시킬 수 있다.

내면을 바라보는 창, 뇌파

우리는 매 순간 뇌파의 리듬 속에서 살아간다. 그 리듬이 어떤 방향으로 흐르느냐에 따라 감정과 사고, 행동이 결정된다. 뇌파를 이해한다는 것은 단순한 과학적 개념을 넘어, 우리의 내면을 들여다보는 일이다.

뇌는 변화할 준비가 되어 있다.

우리는 뇌를 원하는 방향으로 조율할 수 있으며, 선택에 따라 더 건강하고 균형 잡힌 상태로 나아갈 수 있다.

지금, 당신의 뇌는 어떤 소리를 내고 있는가?
그리고 당신은 그 소리에 귀 기울일 준비가 되었는가?

뉴로피드백이란 무엇인가?

우리는 매 순간 뇌의 리듬 속에서 살아간다.

 아침에 눈을 뜨는 순간부터 밤에 잠들기까지, 뇌는 끊임없이 움직이며 자기의 리듬을 조율한다. 어떤 날은 유독 집중이 잘 되지만, 어떤 날은 아무리 애를 써도 생각이 흐려진다. 때로는 이유 없이 불안하고 초조하다가도, 어느 순간 마음이 평온해지는 경험을 하게 된다. 이러한 변화들이 단순한 기분의 문제가 아니라는 사실을 알게 되면, 우리는 자연스럽게 묻게 된다.

"뇌는 우리가 어떻게 살아가느냐에 따라 달라질 수 있을까?"

 뉴로피드백(Neurofeedback)은 바로 이 질문에서 출발한다. 우리는 보통 몸을 단련하는 데는 익숙하다. 건강을 위해 운동을 하고, 근육을 키우기 위해 훈련을 한다. 그러나 뇌 역시 훈련이 필요하다는 사실을 아는 사람은 많지 않다. 뉴로피드백은 뇌가 스스로를 조율할 수 있도록 돕는 일종의 '뇌 훈련'이다. 마치 기울을 보며 자세를 교정하듯, 뉴로피드백은 뇌가 자기의 상태를 실시간으로 확인하고 조정하도록 안내한다.

뇌의 언어, 뇌파를 읽는다는 것

뇌는 뉴런(Neuron)이라 불리는 신경세포들로 이루어져 있다. 뉴런들은 끊임없이 정보를 주고받는 과정에서 미세한 전기 신호를 발생시키는데, 이것이 바로 뇌파이다.

뇌파는 우리가 어떤 상태에 있는지에 따라 자연스럽게 변화한다. 그러나 현대인의 삶은 이 자연스러운 흐름을 자주 방해한다. 스마트폰 화면을 오래 들여다보는 습관, 끊임없는 정보 자극, 불규칙한 수면 패턴, 그리고 만성적인 스트레스는 뇌파의 균형을 무너뜨린다. 그 결과 우리는 쉽게 피로를 느끼고, 집중력이 저하되며, 감정적으로 불안정해진다.

뉴로피드백 훈련을 통해 이러한 흐트러진 리듬을 다시 본래의 균형으로 되돌릴 수 있다. 뇌는 본래 자기 조율 능력을 가지고 있지만, 잘못된 습관이나 환경 요인으로 인해 그 흐름을 잃을 수 있는데 뉴로피드백훈련은 뇌가 다시 자기 조절 능력을 회복할 수 있도록 돕는다.

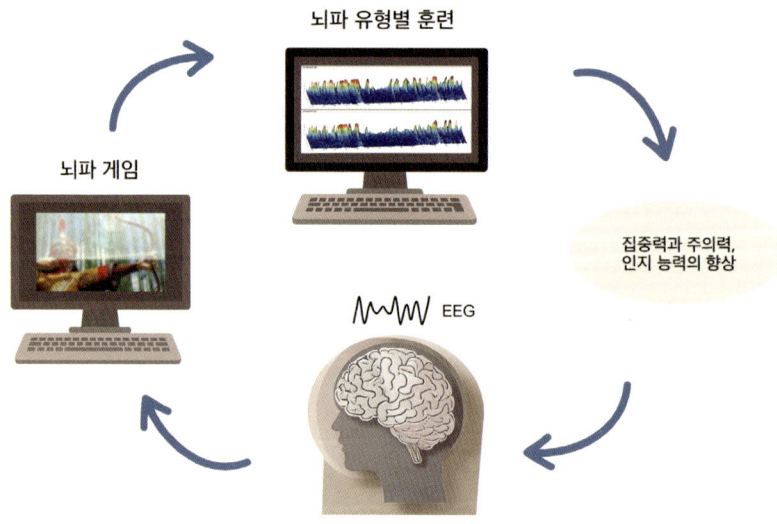

뉴로피드백은 어떻게 작동하는가?

뉴로피드백훈련을 경험한 사람들은 종종 "게임을 하는 것 같다"고 말한다. 훈련자는 뇌파를 측정하는 센서를 부착한 뒤 화면을 바라본다. 화면에는 잔잔한 바다, 부드럽게 움직이는 그래픽, 편안한 음악 등이 등장하지만, 이 모든 것은 단순한 영상과 음향이 아니다. 화면의 움직임과 소리는 훈련자의 뇌파 상태에 따라 실시간으로 변화하며 반응한다.

이 과정은 마치 자전거를 배우는 것과 비슷한데 처음에는 균형을 잡기 어렵고 조작도 서툴지만, 반복적인 연습을 통해 점차 익숙하고 자연스러워진다. 뉴로피드백 훈련도 마찬가지로, 처음에는 뇌파의 변화를 유도하는 일이 낯설고 어렵게 느껴질 수 있다. 그러나 반복적으로 훈련을 진행하다 보면 뇌는 점차 더 나은 뇌파 상태를 유지하는 법을 익히게 되고, 어느 순간 훈련자는 의식적인 노력 없이도 뇌가 안정적으로 조율되고 있음을 깨닫는다.

예를 들어, 주의력과 집중력을 높이는 훈련에서는 집중과 각성 상태에서 활성화되는 뇌파가 일정 수준 이상 유지될 때, 화면의 그래픽이나 소리음이 부드럽게 이어진다. 하지만 집중이 흐트러지면 화면 속 움직임이나 소리도 느려지거나 멈추면서 즉각적인 피드백을 제공한다. 그러면 뇌는 이 피드백에 반응하여 특정 조건의 뇌파 패턴을 만들어 내기 위해 노력한다. 이러한 시각적·청각적 피드백을 반복적으로 경험하며 뇌는 점차 더 집중이 잘 되는 뇌파 패턴을 자연스럽게 학습하게 된다.

뉴로피드백 훈련은 이처럼 뇌가 자신의 상태를 스스로 인식하고 조정할 수 있도록 돕는 과정이다. 훈련 과정에서 뇌는 특정 상태가 유지될 때마다 시각직·청각적으로 긍정적 신호를 받게 되고, 이를 통해 뇌는 그 상태를 점점 더 오래 유지하게 된다. 결과적으로 뉴런 간 연결이 강화되고, 효과적인 뇌파 패턴을 유지하기 위한 새로운 뇌의 습관과 회로가 형성된다. 뉴로피드백은 마치 뇌가 자신의 상태를 객관적으로 바라볼 수 있는 '거울'과 같은 역할을 수행하는 것이다.

그럼 뉴로피드백은 어디에 적용될 수 있을까?

어떤 아이는 수업 시간 내내 가만히 앉아 있지 못한다. 공책을 펴기도 전에 한숨을 쉬고, 선생님의 말을 듣다가도 금세 주변을 두리번거린다. 집중하려 애써보지만 머릿속은 산만하고, 책장을 넘기는 일이 마치 어려운 숙제를 하는 것처럼 느껴진다.

어떤 사람은 밤마다 뒤척인다. 잠을 청하려고 눈을 감으면, 오히려 머릿속이 더 복잡해진다. 하루 동안 쌓인 일들이 끝없이 맴돌고, 온몸은 피곤한데도 정신은 각성 상태에서 벗어나지 못한다. 시계를 몇 번이고 들여다보다가, 결국 새벽이 지나서야 겨우 잠이 든다.

또 어떤 사람은 오랫동안 가슴 한구석에 무거운 느낌을 안고 살아간다. 과거의 기억이 떠오를 때마다 숨이 막히고, 심장이 두근거린다. 주변 사람들은 "이제 그만 잊으라"고 말하지만, 기억은 마음대로 지울 수 있는 것이 아니다. 몸이 기억하는 상처는 쉽게 사라지지 않는다.

이들은 모두 다르게 보이지만, 한 가지 공통점이 있다. 그들의 뇌는 각기 다른 이유로 균형을 잃었다는 점이다. 뇌가 균형을 잃으면 집중력과 감정, 수면 등 일상생활의 여러 측면에서 어려움을 겪게 된다. 뉴로피드백은 바로 이러한 뇌의 불균형을 스스로 인식하고 회복하도록 안내하는 과정이다.

뇌의 리듬을 되찾는 길

뉴로피드백 훈련은 뇌의 균형 회복법이 아니다. 그것은 뇌가 더 나은 방향으로 변화할 수 있도록 돕는 과정이다.

주의력 장애를 가진 아이들은 집중을 지속하기 어려워한다. 이들의 뇌파를 살펴보면, 세타파의 과활성과 베타파의 부족이 자주 관찰된다. 세타파는 몽상과 관련된 뇌파로, 이를 적절히 조절하지 못하면 주의가 산만해지고 흐릿한 상태가 지속된다. 뉴로피드백은 뇌가 주의를 기울이는 법을 배우도록 돕는다. 아이들은 자신이 어떻게 집중하는지를 실시간으로 경험하고, 점차 자기 뇌를 조절하는 능력을 익혀 간다.

불면증을 겪는 사람들은 수면과 관련된 뇌파 패턴이 불안정한 경우가 많다. 깊은 수면을 유도하는 델타파가 부족하거나, 각성 상태를 유지하는 베타파가 지나치게 높을 때 쉽게 잠들지 못한다. 뉴로피드백은 뇌가 수면을 받아들이는 법을 다시 배우도록 돕는다. 그렇게 반복되는 훈련 속에서 어느 날 밤, 몸이 자연스럽게 이완되고, 머릿속이 조용해지는 순간을 맞이하게 된다.

불안과 스트레스는 뇌의 경고 시스템이 과도하게 작동할 때 발생한다. 뇌는 원래 위험을 감지하면 긴장 상태를 유지하도록 설계되어 있지만, 불안이 만성화되면 사소한 자극에도 쉽게 흥분하고 마음이 조급해진다. 뉴로피드백은 알파파와 감각운동 리듬인 SMR의 균형을 맞추어, 뇌가 과도하게 각성되지 않도록 돕는다. 그러면 사람들은 점차 안정감을 되찾고, 내면의 평온을 경험하게 된다.

뉴로피드백은 뇌가 스스로 조율하는 법을 익혀, 삶의 균형을 되찾는 과정이다.

최고의 순간을 위한 뇌 훈련

뉴로피드백은 단지 균형 회복에만 적용되는 것이 아니라 우리가 가진 능력을 최상의 상태로 끌어올리는 도구가 될 수도 있다.

운동선수들은 경기가 시작되기 전, 호흡을 가다듬고 머릿속으로 움직임을 시뮬레이션한다. 이때 뇌는 SMR파(감각운동 리듬)를 활성화하며, 몸과 정신을 완벽하게 조율한다. 뉴로피드백을 활용하면 선수들은 집중력을 높이고 긴장감을 조절하며, 경기 중 최고의 퍼포먼스를 발휘할 수 있다.

음악가나 예술가들도 마찬가지다. 창의적인 흐름에 완전히 몰입할 때, 뇌에서는 감마파(γ)가 활발히 움직이며 복잡한 정보가 빠르게 처리된다. 뉴로피드백은 뇌가 이러한 흐름을 더 쉽게 만들어낼 수 있도록 돕는다. 마치 명상 상태에 들어가듯, 깊은 몰입과 창조의 순간을 더욱 자연스럽게 경험할 수 있도록 안내 하는 것이다.

이처럼 뉴로피드백은 더 나은 나 자신이 되는 여정을 돕는다. 우리의 뇌는 훈련을 통해 성장할 수 있고, 익숙한 패턴에서 벗어나 새로운 길을 만들어갈 수 있다. 뇌의 리듬을 다시 맞추다

뉴로하모니,
우리의 뇌를 어떻게 도울 수 있을까?

우리는 하루에도 수없이 많은 생각을 하고, 감정을 느끼며, 기억을 되새긴다. 어떤 날은 머릿속이 맑고 집중이 잘 되지만, 어떤 날은 아무리 애를 써도 흐릿하다. 때로는 특별한 이유 없이 불안해지고, 감정의 파도가 출렁이며 무기력해지기도 한다. 어쩌면 뇌는 늘 무언가를 이야기하고 있었는지도 모른다. 문제는, 우리가 그 소리에 귀 기울이려 하지 않았다는 것이다.

뉴로하모니(NeuroHarmony)는 바로 그 뇌의 속삭임에 귀 기울이게 해주는 도구다. 뇌는 본래 스스로 균형을 유지하려는 능력을 가지고 있지만, 때로는 너무 많은 자극과 정보 속에서 그 능력을 잃어버린다. 뉴로하모니는 마치 물결을 따라 부드럽게 흘러가듯, 뇌가 본래의 조화와 리듬을 되찾도록 자연스럽게 이끌어 준다.

마치 어긋난 몸의 균형을 되찾기 위해 요가를 하듯, 뉴로하모니는 흐트러진 뇌의 리듬을 다시 맞추는 과정이다.

뉴로하모니와 뇌의 대화

뉴로하모니를 사용하는 과정은 마치 뇌와 직접 대화를 나누는 것과 같다. 뇌파 센서를 부착하면, 뇌가 보내는 신호가 실시간으로 측정되고, 이를 바탕으로 뇌가 올바른 방향으로 흐르도록 유도하는 피드백이 제공된다.

예를 들어, 주의력이 부족한 아이가 뉴로하모니를 사용한다고 가정해보자. 집중력을 높이기 위해서는 베타파가 적절히 활성화되어야 하는데, 세타파가 과도하게 많아 몽상 상태에 머무르는 패턴이 반복된다면, 뉴로하모니는 이를 감지하고 뇌가 베타파를 증가시키는 방향으로 학습할 수 있도록 영상이나 소리 등의 피드백을 제공한다.

처음에는 아무런 변화를 느끼지 못할 수도 있다. 하지만 피아노 연습을 반복하다 보면 노래 한 곡을 칠 수 있게 되듯이 뇌는 점차 더 적절한 리듬을 유지하는 법을 배우게 된다.

이와 마찬가지로, 불안이 심한 사람의 경우 베타파가 과도하게 높고 알파파가 낮은 뇌파 패턴을 보일 수 있다. 뉴로하모니는 차분한 상태에서 알파파를 활성화시키는 훈련을 제공하고, 뇌가 점차 긴장을 푸는 법을 배우도록 돕는다. 몇 주가 지나면, 사소한 자극에도 예민하게 반응하던 감각이 조금씩 누그러지고, 마음이 조용해지는 순간이 서서히 늘어나기 시작한다.

뇌의 리듬을 되찾는 시간

우리는 늘 최선을 다해 살아가지만, 때때로 흐름을 놓치고 길을 잃는다. 어느 날은 일에 몰두하다가도 갑자기 멍해지고, 어느 순간에는 사소한 걱정이 마음을 뒤흔들기도 한다. 그런 날이면, 마치 파도가 거칠게 몰아치는 바다처럼 우리의 내면도 크게 흔들린다.

그러나 바다에도 조용해지는 순간이 있다. 바람이 잦아들고 거친 파도가 가라앉으면, 수면은 다시 잔잔한 빛을 머금는다. 뇌도 마찬가지다. 흐트러진 리듬을 되찾는다면, 우리는 다시 고요한 중심으로 돌아올 수 있다. 뉴로하모니는 바로 그 과정에서 우리의 뇌를 돕는 역할을 한다.

뉴로하모니를 사용한 사람들은 처음에는 그 변화를 쉽게 느끼지 못할 수도 있다. 그러나 어느 순간, 예전보다 집중이 잘 되고, 마음이 조급해지지 않으며, 불안한 상황에서도 차분함을 유지하는 자신을 발견하게 된다.뉴로하모니가 만들어내는 변화는 '즉각적인 효과'가 아니라 뇌가 스스로를 조율하는 법을 배워 나가는 여정이다.

[PART 1]

뇌의 이야기 :
우리는 어떻게 변할 수 있는가?

1장. 뇌는 우리가 경험한 모든 것을 기억한다
- 뇌는 어떻게 작동하는가?
- 신경망과 뉴런: 연결의 힘
- 신경가소성: 뇌는 평생 변화한다
- 감정, 기억, 사고를 결정하는 뇌의 메커니즘

2장. 뇌파는 우리의 감정을 노래한다
- 뇌파란 무엇인가? (델타, 세타, 알파, SMR, 베타, 감마)
- 주파수는 우리 감정과 행동을 어떻게 결정하는가?
- 심리적인 모든 것은 뇌파에서 시작된다

3장. 뉴로피드백의 여정
- 뇌파의 발견과 초기 연구
- 뉴로피드백의 태동
- 임상 연구와 치료적 적용
- 신경가소성과 뉴로피드백

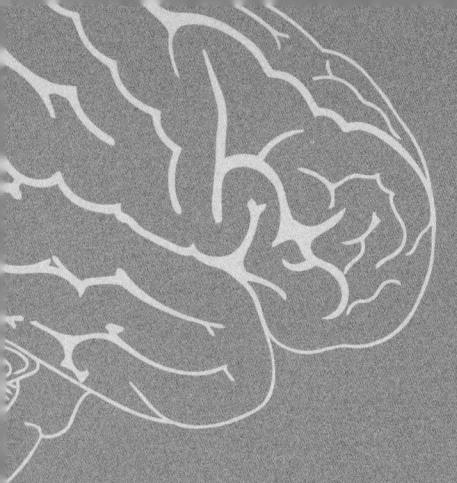

| 1장 |
뇌는 우리가 경험한 모든 것을 기억한다

어떤 향기가 오래된 기억을 불러오거나, 익숙한 노래가 잊고 있던 순간을 되살린 적이 있는가?

우리의 뇌는 지나간 경험을 단순히 저장하는 것이 아니라, 그것을 연결하고 해석하며 끊임없이 변화한다.

새로운 것을 배울 때마다 뉴런들은 서로 손을 맞잡고 길을 만든다. 이 길이 반복될수록 기억은 단단해지고, 필요 없는 연결은 차츰 사라진다.

인간은 과거에 머무르지 않고, 끊임없이 배우며 성장하는 존재다.

감정과 기억, 사고의 흐름 속에서 뇌는 스스로를 이해하고, 자기만의 새로운 길을 만들어간다.

우리는 뇌를 통해 세상을 경험하지만, 동시에 우리의 경험은 뇌를 조율한다. 그렇게 매일, 뇌는 우리와 함께 변화해 간다.

뇌는 어떻게 작동하는가?

　누구나 하루에도 수없이 많은 생각을 하고, 감정을 느끼며, 몸을 움직인다. 손을 뻗어 물을 마시고, 지나가는 사람을 알아보며, 친구와 대화를 나눈다. 그러나 우리는 이러한 모든 과정이 어떻게 이루어지는지, 의식하지 못한 채 살아간다. 뇌는 우리가 모르는 사이에도 끊임없이 신호를 주고 받으며 움직인다. 마치 보이지 않는 오케스트라처럼, 수많은 신경세포가 동시에 연주를 이어가고 있다.

　뇌는 성인 기준 약 1.2~1.4kg이며, 전체의 75~80%가 물로 구성되어 있다. 겉면은 울퉁불퉁한 주름으로 덮여 있는데, 이는 표면적을 최대한 넓혀 더 많은 뉴런을 수용하기 위한 자연의 설계다. 비좁은 두개골 안에 이토록 복잡한 세계를 담기 위해, 뇌는 자신을 접고 또 접으며 공간을 확보해 왔다. 크기로만 보면 작은 기관이지만, 이곳에서는 인간의 감정, 사고, 기억, 창의성, 그리고 움직임까지 모든 것이 정교하게 조율된다. 그리고 그 모든 과정 속에서 뇌는 지금 이 순간에도 끊임없이 변화하고 있다.

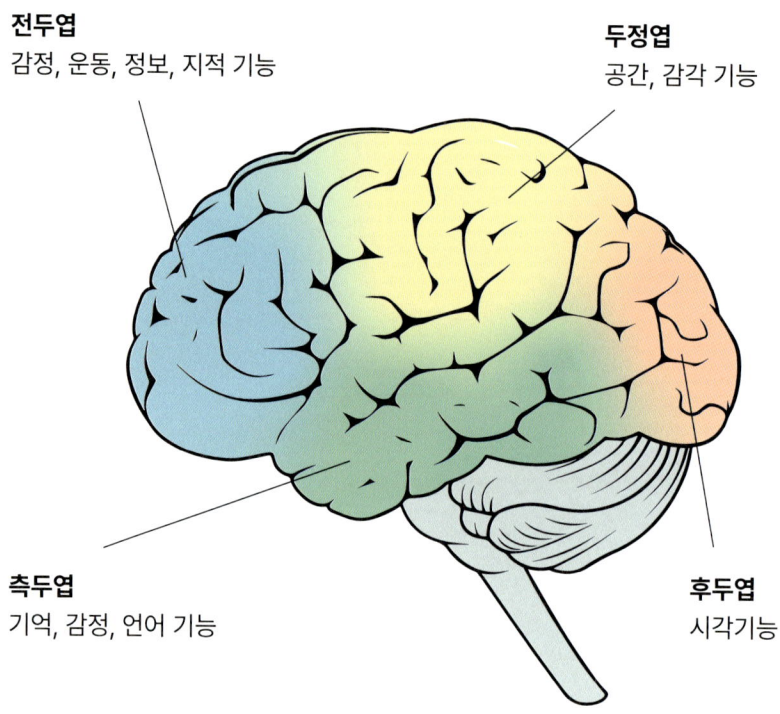

뇌는 크게 대뇌, 소뇌, 뇌간이라는 세 부분으로 나뉜다. 대뇌는 사고하고, 감정을 느끼고, 기억을 저장하며, 몸을 조율하는 역할을 한다. 우리가 세상을 인식하고, 생각하고, 결정을 내릴 수 있는 것은 대뇌 덕분이다. 반면, 소뇌는 우리가 무의식적으로 하는 움직임을 담당한다. 걷거나 뛰거나, 젓가락을 사용 할 때 손의 힘을 조절하는 것 또한 소뇌의 역할이다. 그리고 뇌간은 숨을 쉬고, 심장을 뛰게 하며, 생명을 유지하는 기능을 담당한다. 뇌간이 손상되면 호흡도, 심장도 멈춘다. 이 작은 기관 하나가 우리 몸 전체를 움직이고 있는 것이다.

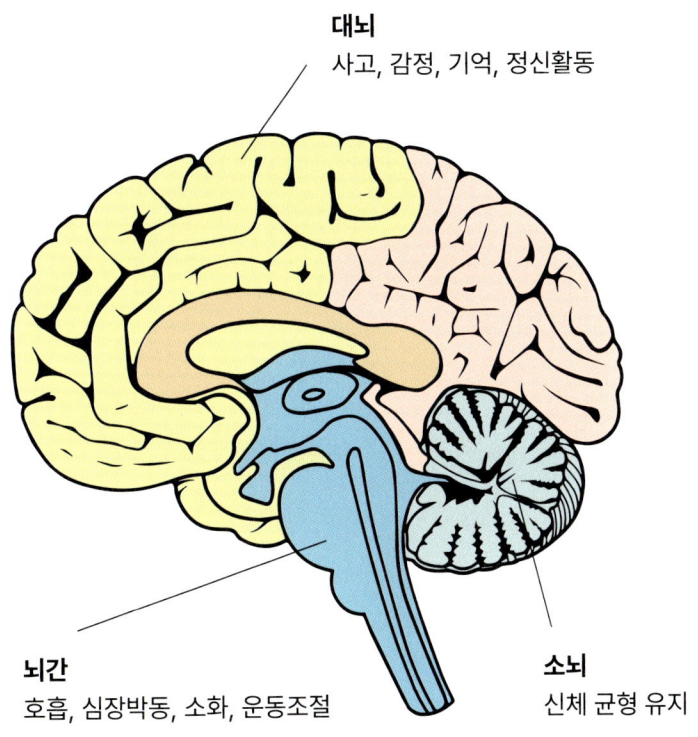

 대뇌는 기능에 따라 네 개의 엽으로 구분된다. 전두엽은 사고와 판단, 감정 조절을 담당하는 뇌의 지휘자 같은 역할을 하고, 측두엽은 기억과 감정, 청각 정보를 처리한다. 두정엽은 촉각과 공간 감각을 담당하며, 후두엽은 우리가 눈으로 보는 모든 정보를 해석한다. 그러나 이 모든 영역이 독립적으로 작동하는 것은 아니다. 전두엽에서 내린 판단이 감정을 움직이고, 감정은 기억을 강화하며, 감각은 사고를 확장한다. 뇌는 유기적으로 연결된 거대한 네트워크이며, 그 속에서 우리의 정체성을 형성해 간다.

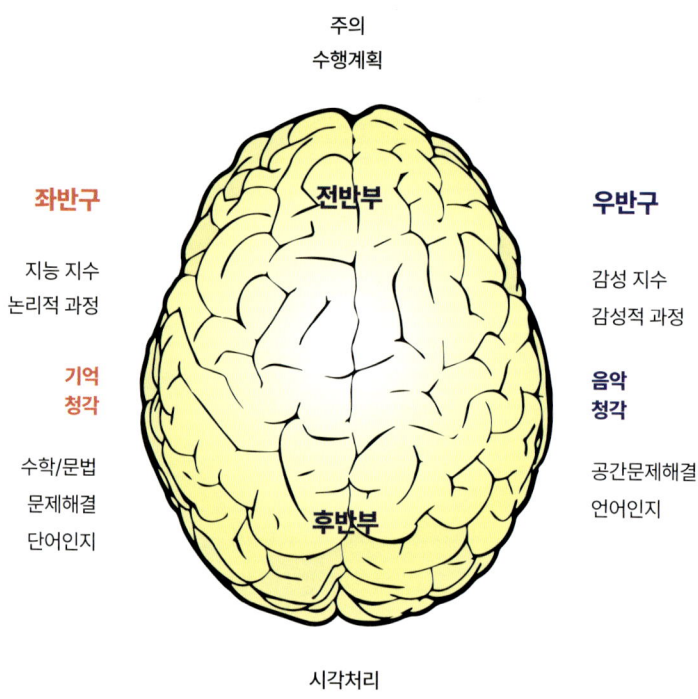

    뇌는 좌반구와 우반구로 나뉘어 있으며, 각각의 반구는 서로 다른 기능을 수행한다. 이 좌우 뇌의 편재(lateralization)는 뇌 기능이 특화되어 분화 된 것으로 주로 오른손잡이가 많기 때문에 좌반구가 더 발달된 것으로 알려져 있으며 이는 뇌가 손의 사용 빈도와 밀접하게 연관되어 있기 때문이다.

    좌반구는 언어 처리와 논리적 사고, 분석적 기능을 주로 담당한다. 특히, 언어의 이해와 생성, 말하기, 쓰기 등과 같은 언어적 기능이 좌반구에 위치한 브로카 영역과 베르니케 영역에 의해 이루어진다. 또한, 수학적 계산, 문제 해결, 논리적 추론 등도 좌반구의 기능이다. 이로 인해 좌반구는 흔히 '논리적 뇌'로 불리며, 순차적이고 분석적인 정보 처리 방식과 연관되어 있다.

우반구는 창의성, 직관, 시각적 공간 인식, 감정 처리 등과 같은 기능을 담당한다. 예를 들어, 음악적 능력, 예술적 표현, 얼굴 인식, 공간적 능력 등은 주로 우반구에서 이루어진다. 또한, 감정의 이해와 표현, 비언어적 의사소통(예: 표정,제스처 등)도 우반구의 역할이다. 우반구는 종종 '감정적 뇌' 또는 '창의적 뇌'로 불리며, 전체적인 인식과 직관적 사고에 관련이 있다.

좌반구와 우반구는 각자의 역할을 수행하면서도, 서로 협력하여 복잡한 인지 기능을 지원한다. 예를 들어, 언어를 이해하고 말하는 과정에서는 좌반구가 주로 작용하지만, 이와 관련된 감정 표현이나 뉘앙스 해석은 우반구가 기여한다. 또한, 문제를 해결할 때 논리적 사고(좌반구)와 창의적 접근(우반구)이 함께 작용하여 최적의 해결책을 도출하게 된다.

신경망과 뉴런 : 연결의 힘

도시 위를 가로지르는 전선들을 떠올려 보자. 전봇대와 전봇대를 연결하는 이 전선들은 단순한 금속줄이 아니다. 도심 곳곳으로 전기를 흐르게 하고, 밤이면 불을 밝히며, 신호를 전달하여 모든 것이 원활하게 작동하도록 돕는다. 만약 이 전선이 끊어진다면? 신호는 더 이상 흐르지 못하고, 도시의 움직임은 멈추며 어둠에 갇히게 될 것이다.

뇌도 이와 비슷하다. 뇌에는 약 1,000억 개의 뉴런이 존재하며, 각각의 뉴런은 다른 뉴런과 연결되어 정보를 주고받는다. 이러한 연결이 모여 거대한 신경망을 이루며, 이 신경망은 우리가 살아가는 동안 끊임없이 확장되고 변화한다. 새로운 것을 배울 때마다, 경험이 쌓일 때마다 전선을 새로 잇거나 기존의 연결을 강화한다. 반면, 사용하지 않는 연결은 점차 약해지거나 사라진다. 마치 오래된 길은 희미해지고, 자주 다니는 길은 더욱 뚜렷해지는 것처럼.

그러나 이 전선들은 고정된 구조물이 아니다. 그것들은 살아 있는 유기체처럼 끊임없이 바뀌며, 더 자주 사용하는 연결은 더욱 강해지고, 필요 없는 연결은 서서히 약해진다. 이것이 바로 뇌가 정보를 저장하고 학습하는 방식이다. 우리는 뇌에 기억을 저장하는 것 뿐만 아니라, 살아가는 방식에 따라 뇌의 회로 자체를 바꾸어 간다. 우리의 생각과 행동 하나하나가 뇌의 지도를 새롭게 그리고 있는 것이다.

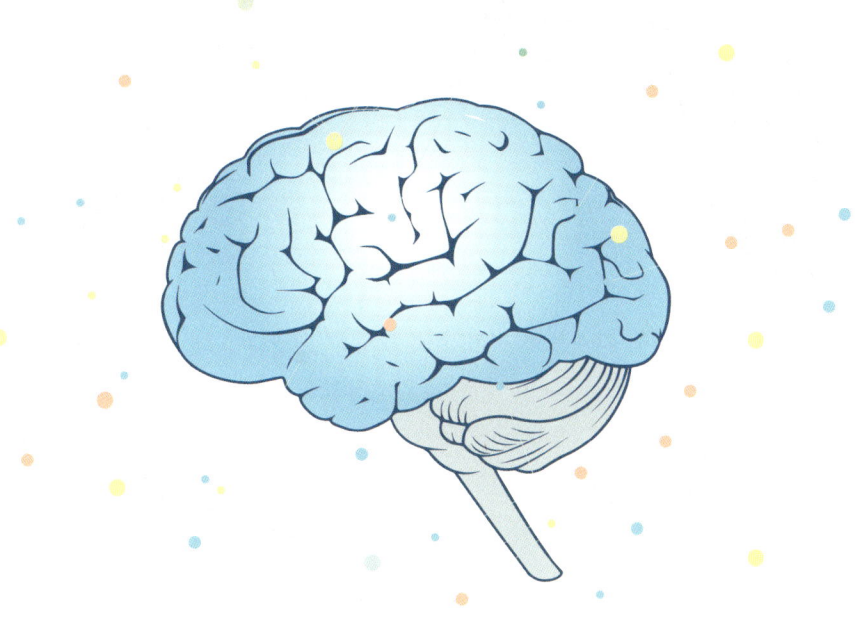

　뇌가 변화하는 과정은 하나의 뉴런에서 시작된다. 뉴런은 신경세포로, 서로 연결되어 정보를 주고받는 역할을 한다. 새로운 경험을 하거나 반복적인 학습이 이루어질 때, 뉴런과 뉴런을 연결하는 시냅스가 강화된다. 이 과정이 반복되면 더 많은 뉴런이 동원되고, 기존의 연결은 더욱 강해진다.

　예를 들어, 피아노를 처음 배울 때는 건반을 정확히 누르는 일이 어렵지만, 같은 곡을 반복해서 연습할수록 점차 더 자연스럽고 유연하게 연주할 수 있게 된다. 이는 피아노를 연주하는 데 필요한 신경망이 강화되었기 때문이다.

　그러나 한동안 연습하지 않으면 연주했던 곡은 점차 잊히고, 관련된 신경망의 연결도 약해진다. 한때 능숙하게 연주했던 곡도 오랫동안 치지 않으면 손이 굳고 악보가 낯설어지는 이유가 바로 여기에 있다.

뉴런은 전기 신호를 주고받으며 생각과 감정을 만들어낸다. 각 뉴런은 세포체와 수상돌기, 축삭으로 구성되어 있다. 수상돌기는 마치 안테나처럼 다른 뉴런으로부터 신호를 받아들이고, 축삭은 그 신호를 다음 뉴런으로 전달하는 역할을 한다. 그리고 축삭의 끝에는 시냅스가 있다. 뉴런과 뉴런은 직접 맞닿아 있지 않고, 시냅스를 통해 신호를 주고받는데, 이 과정에서 뇌는 단순한 전기적 흐름이 아니라 '신경전달물질'이라는 화학적 메신저를 사용한다.

도시의 전선이 끊어지면 우리가 새로운 선로를 만들어내듯, 뇌 역시 마찬가지다. 신경망은 고정된 구조가 아니라, 끊임없이 새로운 연결을 만들고 기존의 경로를 수정하는 능력을 지닌다. 이것이 바로 신경가소성(Neuroplasticity)이다. 새로운 기술을 배우거나, 기억을 되새기거나, 감정을 조절하는 법을 익힐 때, 신경망은 새롭게 형성되고 강화된다. 반대로, 사용하지 않는 연결은 점차 약해지며 사라진다. 한때 익숙했던 기술도 오랫동안 사용하지 않으면 다시 익히는 데 시간이 걸리는 이유가 바로 여기에 있다.

하지만 중요한 것은, 신경망은 언제든 다시 연결될 수 있다는 사실이다. 지금까지 걷던 길이 아니라 새로운 길을 만들 수도 있고, 과거에 연결되었던 신호를 다시 복구할 수도 있다. 이처럼 신경망은 단순한 기억 저장소가 아니라, 우리가 어떻게 살아가느냐에 따라 끊임없이 변화하는 살아 있는 구조물이다.

뇌는 정적인 기관이 아니다. 그것은 매 순간 변화하며, 우리가 경험하는 모든 것에 반응한다. 새로운 것을 배우면 신경망은 스스로를 조정하고, 더 나은 연결을 만들기 위해 끊임없이 전선을 새롭게 잇는다. 만약 부정적인 감정에 오래 머무르면, 그 감정을 담당하는 신경망이 더욱 강해질 것이다.

신경가소성 : 뇌는 평생 변화한다

흔히 사람들은 이렇게 말하곤 한다. "나는 원래 이런 사람이야." 변화는 어렵고, 성격이나 능력은 타고나는 것이라 쉽게 바꿀 수 없다고 여긴다. 그러나 과연 그럴까? 현대 신경과학은 이 오래된 믿음을 뒤엎는다. 뇌는 단단한 돌덩이가 아니다. 경험하는 모든 것에 반응하며, 끊임없이 바뀌고, 새롭게 연결되며, 더 나은 방향으로 스스로를 조정하는 능력을 지니고 있다.

예를 들어, 어린아이가 걸음마를 배울 때를 떠올려 보자. 처음엔 균형을 잡는 것조차 어렵고, 몇 걸음도 채 가지 못한 채 넘어지지만, 점차 걷는 동작이 익숙해지면서 더 멀리 나아간다. 그 과정에서 뇌는 다리에 힘을 주는 법을 배우고, 넘어지지 않도록 몸의 균형을 조절하는 방법을 익힌다. 언어를 익히는 과정도 마찬가지다. 처음에는 단순한 소리를 흉내 내는 수준에 불과하지만, 반복을 통해 점차 더 복잡한 문장을 구성할 수 있게 된다. 이러한 변화가 가능한 이유는, 뇌가 스스로 변화할 수 있는 능력을 가지고 있기 때문이다. 그리고 이 능력을 '신경가소성(Neuroplasticity)'이라 부른다.

과거에는 뇌가 고정된 구조를 가졌으며, 각 영역이 특정 기능만을 담당하고 한 번 형성된 신경망은 바뀌지 않는다고 믿었다. 하지만 연구가 거듭될수록 이 가설은 틀린 것으로 밝혀졌다.

신경가소성이란, 뇌가 경험에 따라 스스로를 변화시키는 능력을 뜻한다. 어떤 기술을 익히거나, 새로운 정보를 받아들이거나, 감정을 조절하는 법을 익힐 때, 뇌는 기억을 저장하는 것을 넘어 신경망 자체를 새롭게 구성하고 조율한다. 다시 말해, 뇌는 정적인 저장 장치가 아니라, 끊임없이 자신을 조정하고 새롭게 만들어 가는 살아 있는 유기체인 것이다.

『스스로 치유하는 뇌』의 저자 노먼 도이지(Norman Doidge)의 연구에 따르면, 신경가소성은 단순한 학습 과정에만 국한되지 않는다. 그는 신경과학적 치료를 통해 마비된 환자가 다시 움직일 수 있게 되고, 손상된 뇌가 새로운 영역을 활성화하면서 상실된 기능을 회복하는 다양한 사례를 연구했다.

도이지는 뇌가 특정한 역할만을 수행하는 고정된 기계가 아니라, 필요에 따라 새로운 신경망을 형성하고 기능을 재조정할 수 있는 유연한 기관이라는 점을 강조 하였다.

예를 들어, 뇌졸중으로 인해 한쪽 손을 사용할 수 없었던 환자가 지속적인 재활 훈련을 통해 반대쪽 뇌 영역을 활성화하면서 다시 손을 움직일 수 있게 되는 경우가 있다. 이는 뇌의 특정 부위가 손상되더라도, 다른 영역이 그 기능을 대신할 수 있음을 보여주는 대표적인 사례다.

뇌가 변하는 방식

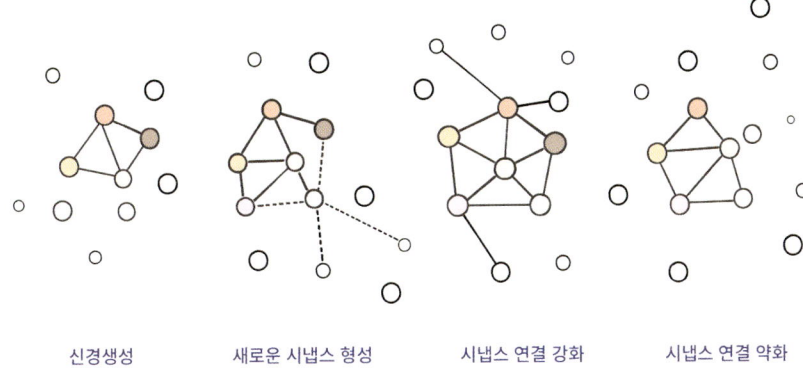

신경생성   새로운 시냅스 형성   시냅스 연결 강화   시냅스 연결 약화

　이처럼 신경가소성의 발현은 일상 속에서 지속적으로 일어나는 변화의 과정이다. 과거에는 불가능하다고 여겼던 일들도 꾸준한 연습과 적절한 환경이 마련되면 충분히 가능해질 수 있다.

　운동선수가 오랜 훈련을 통해 신체적 한계를 극복하거나, 음악가가 손가락 하나하나를 정밀하게 움직이는 것도 결국 신경망의 변화가 빚어낸 결과다. 심지어 감정과 성격도 신경가소성에 의해 달라질 수 있다. 부정적인 생각을 반복하면 관련된 신경망이 강화되지만, 긍정적인 사고를 지속적으로 연습하면 뇌는 점차 건강하고 안정적인 방향으로 재구성된다.

　뇌의 변화는 마치 처음 걸어보는 길을 개척하는 과정과 비슷하다. 처음에는 익숙지 않고 불확실하지만, 계속 걷다 보면 길은 점차 명확해지고 단단해진다. 이처럼 신경망은 자주 사용하는 경로를 더욱 강화하고, 사용하지 않는 경로는 서서히 지워나간다. 따라서 각자의 선택이 뇌를 형성하고, 미래를 결정한다고 해도 과언이 아니다.

신경가소성은 인간이 얼마든지 변할 수 있다는 희망을 증명하며, 성장 가능성의 문을 열어준다. 인간은 정해진 한계를 안고 태어나지 않았다. 끊임없이 변화하고, 적응하며, 더 나은 방향으로 나아갈 수 있는 존재다. 지금 이 순간에도 뇌는 새로운 연결을 형성하며 더 나은 내일을 준비하고 있다. 뇌는 주어지는 것이 아니라, 스스로 만들어가는 것이다.

감정, 기억, 사고를 결정하는
뇌의 메커니즘

인간은 매일 감정을 느끼고, 기억을 떠올리며, 다양한 생각을 이어간다. 어떤 순간에는 기쁨이 솟고, 또 어떤 순간에는 이유 없이 불안이 엄습하기도 한다. 특정한 음악은 오래된 기억을 불러오고, 예상치 못한 상황에서는 빠른 판단과 즉각적인 행동이 요구되기도 한다.

이러한 모든 반응은 단순한 감정의 흐름이 아니다. 뇌 속에서 정교하게 조율되는 복합적인 신경 작용의 결과다. 뇌는 경험하는 모든 것을 저장하고 분석하며, 그 데이터를 바탕으로 사고하고 판단하는 중심적인 역할을 수행한다.

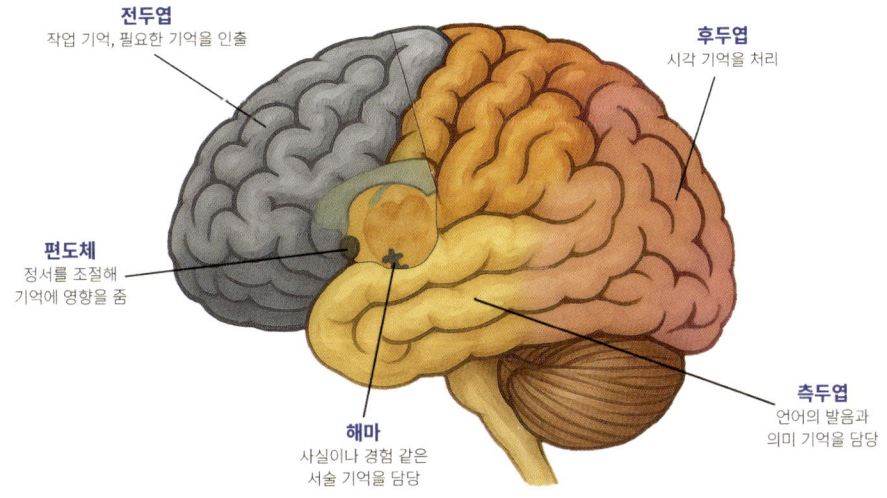

뇌 영역별 담당 역할

- **전두엽**: 작업 기억, 필요한 기억을 인출
- **후두엽**: 시각 기억을 처리
- **편도체**: 정서를 조절해 기억에 영향을 줌
- **해마**: 사실이나 경험 같은 서술 기억을 담당
- **측두엽**: 언어의 발음과 의미 기억을 담당

감정은 뇌의 깊은 곳에 위치한 편도체(Amygdala)에서 시작된다. 편도체는 감정을 인식하고 반응하는 데 핵심적인 역할을 하며, 특히 두려움과 같은 본능적인 정서에 민감하게 반응한다. 갑작스러운 소리나 위험한 상황이 발생할 때, 편도체는 즉각적으로 반응하여 신체를 긴장 상태로 만든다. 이러한 반응은 생존에 필수적인 기능으로, 위기 상황에서 신속하게 도망치거나 방어 태세를 갖추도록 돕는다.

그러나 편도체는 위협을 감지하는 기능에만 국한되지 않는다. 기쁨이나 사랑, 감동과 같은 긍정적인 감정이 유발될 때도 활성화되며, 다양한 정서 반응을 조절하는 데 중요한 역할을 수행한다.

이러한 감정 반응은 해마(Hippocampus)와 밀접하게 연결되어 기억으로 저장된다. 해마는 기억 형성에 핵심적인 역할을 하는 구조로, 경험한 사건을 저장하고 필요할 때 이를 회상할 수 있도록 돕는다. 기억은 단순한 정보 축적이 아니라 감정과 결합되어 더욱 선명하게 저장되며, 감정적으로 강렬한 경험일수록 오랜 시간이 지나도 쉽게 잊히지 않는다. 반면, 정서적 반응이 미미한 일상적 경험은 상대적으로 쉽게 사라질 수 있다. 이는 뇌가 생존과 적응에 유의미한 정보를 우선적으로 저장하도록 설계되어 있기 때문이다.

감정과 기억이 형성된 이후에는 전두엽(Frontal Lobe)이 이를 분석하고 조절하는 기능을 수행한다. 전두엽은 뇌의 앞부분에 위치하며, 논리적 사고, 문제 해결, 판단, 자기조절 등 고차원적인 인지 기능을 담당한다. 예를 들어, 어떤 자극에 대해 강한 분노를 느낄 경우, 편도체가 즉각적인 감정을 일으키지만, 전두엽은 이러한 감정을 억제하거나 재해석하여 상황에 맞는 반응을 유도한다. 만약 전두엽의 기능이 제대로 작동하지 않으면 감정 조절이 어려워지고, 충동적인 행동으로 이어질 가능성이 높아진다. 반대로, 전두엽이 지나치게 억제적으로 작용할 경우에는 감정을 표현하는 데 어려움을 겪을 수 있다.

감정, 기억, 사고는 각각 독립된 기능처럼 보이지만, 실제로는 서로 긴밀하게 연결되어 유기적으로 작동한다. 특정한 정서가 유발되면 그에 따른 경험은 더 강하게 각인되며, 이렇게 저장된 정보는 이후 판단 과정에 영향을 미친다. 예를 들어,과거의 경험이 부정적인 정서와 함께 저장되었다면, 유사한 상황을 마주했을 때 자동적으로 회피적이거나 소극적인 인식이 형성될 수 있다. 반면, 긍정적인 정서와 결합된 기억은 자신감을 북돋우고, 새로운 도전에 대한 열린 태도를 형성하는 데 기여한다.

이 세 가지 기능은 뇌 안에서 복합적으로 작동하며, 상호 간섭과 보완의 과정을 거친다. 정서 반응이 지나치게 강하면 기억이 왜곡되거나 판단이 흐려질 수 있고, 반대로 억제적일 경우 정보의 저장이 약화되거나 사고의 유연성이 떨어질 수 있다. 이처럼 심리적 균형은 인지 전반의 안정성과 깊은 연관이있다. 어떤 경우에는 정서가 사고를 지지하는 자원이 되기도 하지만, 때로는 편향된 기억과 결합해 판단을 흐릴 수도 있다.

결국 이들은 하나의 통합된 인지-정서 시스템으로 작동하며, 행동 선택과 삶의 방향성에 지속적인 영향을 미친다. 자율적 조절 능력과 심리적 통찰력이 충분히 확보된다면, 개인은 보다 유연하고 안정된 방식으로 삶을 구성할수 있다. 뇌는 이러한 과정을 통해 끊임없이 배우고 적응하며, 그 순환이 반복 될수록 더 나은 방향으로 나아갈 수 있는 토대를 마련한다.

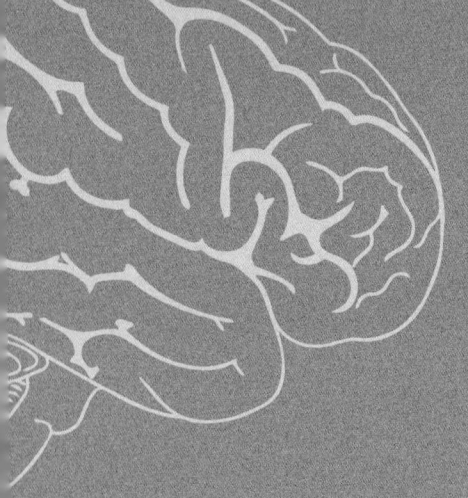

| 2장 |
뇌파는 우리의 감정을 노래한다

뇌는 보이지 않는 음악을 연주한다.

깊은 수면에 들면 델타파가 낮게 흐르며 자장가처럼 온몸을 감싸고, 몽상의 시간에는 세타파가 부드럽게 속삭인다. 마음이 고요할 때는 알파파가 잔잔한 물결처럼 퍼져 나가고, 집중하는 순간에는 베타파가 선명한 선율을 그려낸다.

그러나 불안이 밀려들면 뇌의 리듬은 흐트러지고, 스트레스가 쌓이면 날카로운 음이 불협화음을 만든다. 마치 조율되지 않은 악기처럼, 조용한 혼란이 퍼져간다. 하지만 음악이 다시 조율될 수 있듯, 뇌의 흐름 또한 다듬을 수 있다. 뉴로피드백은 뇌가 자신의 리듬을 들을 수 있도록 돕고, 어긋난 패턴을 스스로 정돈하도록 이끈다.

결국 뇌파는 살아가는 방식에 따라 감정을 노래하며, 그 멜로디를 어떻게 연주할지는 각자의 선택에 달려 있다. 뇌는 단지 신호를 발생시키는 기관이 아니라, 삶의 리듬을 조율하는 내면의 지휘자다.

뇌파란 무엇인가?

뇌는 끊임없이 움직인다. 겉보기에는 아무런 생각이 없어 보일 때조차, 깊이 잠든 순간에도 그 활동은 멈추지 않는다. 마치 보이지 않는 전류처럼 흐르며, 감정과 사고, 행동을 조율하는 내면의 리듬을 만들어낸다. 이 전류에서 발생하는 미세한 전기적 신호를 가리켜 뇌파(Brainwave)라고 부른다.

뇌파는 생리적 신호이지만 삶의 방식, 심리적 상태, 순간의 감정과 긴밀히 연결되어 있다. 깊은 휴식 속에서는 느리고 부드러운 파형을 그리며, 집중이 필요한 순간에는 빠르고 뚜렷하게 요동진다. 정서가 격해질 때는 불규칙한 파동으로 혼란을 반영하고, 평온한 상태에서는 조화로운 리듬이 형성된다. 마치 바다의 물결이 기후와 바람에 따라 달라지듯, 뇌파 역시 외적 자극과 내면의 반응에 따라 끊임없이 변주된다.

뇌파는 정신 상태를 가늠할 수 있는 정밀한 지표다. 깊은 이완, 집중, 불안, 몰입, 각성 등 뇌는 각기 다른 파동으로 반응하며 그 순간의 내면을 기록한다. 음악이 감정을 담고 있듯, 뇌파도 감정과 사고의 흔적을 파형에 고스란히 담아낸다. 보이지 않지만 분명히 존재하는 이 리듬은, 뇌가 살아 있음을, 그리고 삶이 계속된다는 사실을 조용히 증명한다.

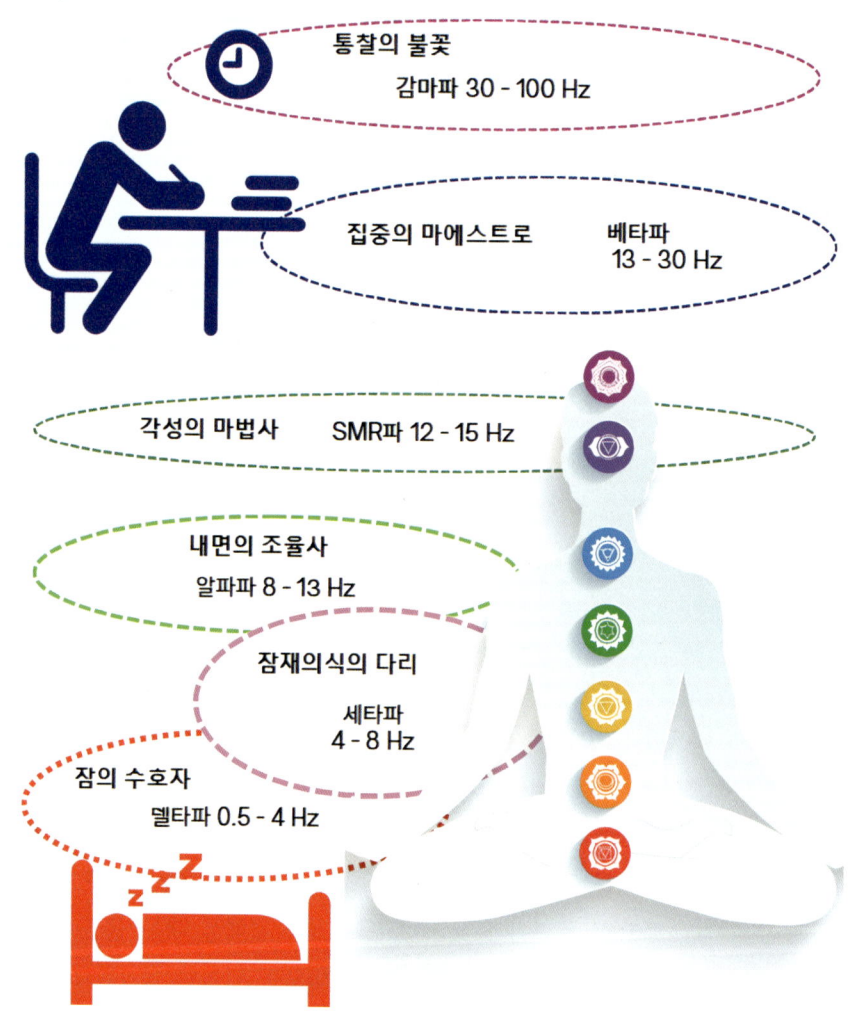

뇌파는 보이지 않지만, 모든 생각과 감정의 이면에서 조용히 흐르고 있다. 잠들어 있을 때도, 깨어 있는 순간에도, 중요한 결정을 내리는 찰나에도 뇌파는 멈추지 않는다. 그것은 삶의 전 과정 속에서 의식과 무의식을 조율하는 보이지 않는 리듬이다.

주파수는 감정과 행동을 어떻게 결정하는가?

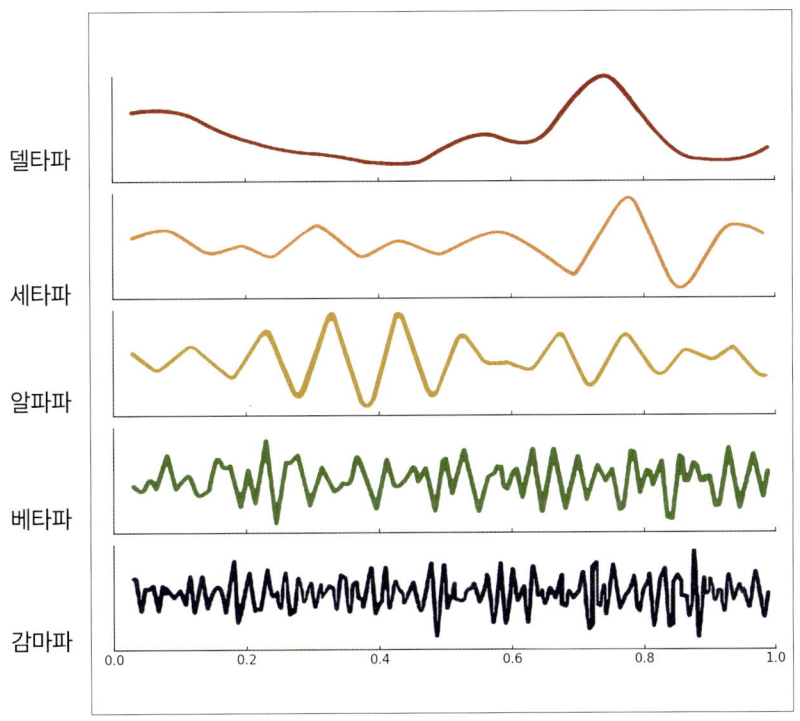

뇌파는 주파수에 따라 서로 다른 특성을 지닌다. 마치 음악 장르마다 고유한 정서를 자극하듯, 각 뇌파도 특정한 심리 상태와 연관되어 감정과 행동에 영향을 미친다. 일반적으로 주파수가 낮을수록 차분하고 안정된 상태를 반영하며, 반대로 높을수록 각성되고 활동적인 정신 상태를 나타낸다.

잠의 수호자
델타파

델타파는 가장 느린 주파수를 가진 뇌파로, 깊은 수면 단계에서 활발하게 나타난다. 이 파형은 신체의 회복과 면역 기능을 돕고, 정신적 안정과 정서적 회복에도 중요한 역할을 한다. 뇌가 델타파 상태에 있을 때는 의식이 거의 없는 상태에 가까우며, 깊은 이완과 치유가 일어나는 시점이라 할 수 있다.

밤이 깊어지고 모든 것이 고요해지는 순간, 뇌도 함께 쉬고 있을까? 그렇지 않다. 오히려 이 시간, 뇌는 조용한 움직임을 시작한다. 깊은 수면에 빠져들수록, 뇌는 가장 느리고 강력한 리듬을 만들어낸다. 그것이 바로 델타파(Delta wave)다.

델타파는 비REM(Non-REM) 수면의 3단계에서 두드러지게 나타난다. 이때 몸과 뇌는 깊은 휴식을 취하며 스스로를 회복하는 과정에 들어간다. 낮 동안 지친 신경세포들은 델타파의 흐름 속에서 재정비되고, 성장 호르몬이 분비되며, 면역 시스템이 활성화된다. 깊은 수면을 통해 신체가 재생되고, 기억이 정리되며, 감정이 조율된다. 델타파가 충분한 밤은 몸과 마음을 맑게 만들고, 하루를 새롭게 시작할 수 있는 에너지를 선사한다.

그러나 델타파가 항상 긍정적인 역할만 하는 것은 아니다. 깊은 수면에서 나타나야 할 델타파가 깨어 있는 상태에서도 과도하게 활성화된다면, 이는 주의력 결핍, 인지 저하, 심지어 신경학적 이상을 초래할 수도 있다. 뇌의 특정 영역에서 델타파가 과하게 발생하면, 간질과 같은 신경계 장애와 연관될 수도 있다. 델타파는 수면의 수호자인 동시에, 균형이 깨졌을 때는 정신 기능에 혼란을 가져올 수도 있는 양면성을 가진 존재다.

깊은 수면 단계 이후에는 REM(Rapid Eye Movement) 수면이라는 또 다른 수면 단계가 찾아온다. REM 수면은 비REM 수면이 끝난 후 찾아오는 역동적인 시기로, 뇌는 마치 깨어 있을 때처럼 활발하게 움직인다. 이 시기에는 빠른 속도의 눈 움직임, 불규칙한 호흡, 증가된 심박수를 보이며, 델타파가 아닌 세타파와 베타파와 같은 고주파 뇌파가 주로 나타난다. 생생한 꿈이 펼쳐지는 REM 수면 동안, 낮 동안 경험했던 감정과 기억은 재구성되며, 감정적 균형과 창의성이 회복되는 시간이 된다.

오늘날 델타파는 수면 연구, 뇌 손상 회복, 정신 건강 연구에서 핵심적인 역할을 한다. 수면 장애를 겪는 사람들에게서는 델타파가 제대로 생성되지 않는 경우가 많으며, 이는 면역력 저하, 감정 불안정, 기억력 저하로 이어질 수 있다. 반대로 델타파가 지나치게 활성화되면, 깨어 있는 동안에도 집중력이 흐려지고 사고가 명확하지 않게 된다.

깊은 밤, 의식하지 못하는 사이 뇌는 스스로를 치유하는 여정을 시작한다. 델타파는 그 길을 안내하는 신호와 같다. 충분한 델타파가 흐르는 밤은 몸과 마음을 새롭게 만들어주고, 다음 날을 살아갈 힘을 준다. 그러나 그 흐름이 어긋날 때, 우리는 쉽게 피로를 느끼고 감정이 흔들리며 사고가 둔해진다. 델타파는 우리가 얼마나 잘 쉬고, 회복하며, 다시 일어설 수 있는지를 결정하는 중요한 요소다.

창의성과 기억을 잇는 다리
세타파

세타파는 4~8Hz의 느린 주파수를 가진 뇌파로, 깊은 이완, 창의적 사고, 명상 상태에서 주로 나타난다. 의식과 무의식의 경계에서 활성화되며, 기억 형성과 감정 처리에도 중요한 역할을 한다. 그러나 과도하거나 불규칙하게 나타날 경우, 주의력 저하나 인지 혼란과 같은 문제로 이어질 수 있다.

세타파(Theta wave)는 뇌가 깊이 이완되었을 때, 그리고 창의적 사고가 활발할 때 두드러지게 나타난다. 마치 바다의 잔잔한 물결처럼 천천히 흐르는 세타파는, 우리가 몰입하거나 상상의 세계에 빠져 있을 때, 혹은 새로운 개념을 학습할 때 강하게 활성화된다. 그러나 이 파동이 지나치게 강하거나 불규칙하게 흐를 경우, 집중력이 흐려지고 정신이 몽롱해질 수 있다. 세타파는 강력한 인지적 도구가 될 수 있지만, 그 흐름이 깨질 경우 오히려 방해 요소로 작용할 수 있다.

창의력과 기억의 문을 열다

세타파는 창의적인 순간과 깊은 학습 과정에서 핵심적인 역할을 한다. 문제가 해결되지 않는 상황에 몰두하거나 예술적 영감을 얻는 순간, 세타파가 활성화되면서 사고는 보다 유연하고 자유로워진다. 연구에 따르면, 세타파가 강할수록 기존 정보를 새로운 방식으로 연결하는 능력이 향상되며, 그 결과 창의적인 아이디어가 떠오를 가능성이 높아진다. 예술가, 작가, 과학자들이 영감을 받는 순간 세타파가 증가하는 것도 이와 같은 이유에서다.

또한 세타파는 기억 형성과 학습 능력 향상에도 중요한 영향을 미친다. 학습 중 세타파가 증가하면 기억이 더 견고해지고, 새롭게 배운 개념을 장기적으로 저장할 가능성이 높아진다. 이는 '장기 강화 작용'(Long-term potentiation, LTP)과 밀접한 관련이 있으며, 세타파가 높아질 때 뉴런 간의 연결이 강화되어 정보가 쉽게 소실되지 않는다. 조엘 루바(Joel Lubar) 박사는 ADHD(주의력 결핍 과잉행동 장애)를 연구하면서, 세타파의 적절한 조절이 학습 능력 향상에 기여한다는 사실을 밝혀냈다. 뿐만 아니라, 세타파는 명상과 심리적 안정과도 깊은 연관이 있다. 명상 중 세타파가 증가하면 마음이 차분해지고, 내면의 평온함이 증대된다. 깊은 이완 상태에서는 스트레스가 감소하고, 감정의 균형이 잡히며, 직관적인 사고가 강화된다. 이러한 이유로 명상이나 요가 수행 중 세타파 증가 현상이 자주 관찰된다.

몽상의 늪에 빠지다

세타파가 항상 긍정적인 역할을 하는 것은 아니다. 세타파가 지나치게 활성화되면 주의력이 흐려지고, 정신이 몽롱해질 수 있다. 현실 감각이 희미해지면서 무기력한 상태에 빠지거나, 집중력이 약해져 하나의 과제를 끝까지 수행하는 데 어려움을 겪을 수도 있다.

특히 ADHD(주의력 결핍 과잉행동 장애)를 가진 사람들에게서는 비정상적으로 높은 수준의 세타파가 관찰된다. 이들은 집중을 요하는 상황에서도 세타파가 과도 하게 활성화되며, 이로 인해 주의가 쉽게 산만해지고 충동적인 행동을 보이게 된다. 이러한 세타파의 비정상적인 흐름은 정량뇌파(qEEG) 분석을 통해 확인할 수 있으며, ADHD 치료에서는 세타파와 베타파의 균형을 맞추는 것이 핵심적인 목표가 된다.

또한 세타파가 과도하게 증가하면 현실과 상상의 경계가 흐려질 수 있다. 지나치게 활성화된 세타파는 주의 산만, 기억 착오, 공상에 대한 몰입 경향을 강화시킨다. 특히 감정적으로 불안정한 상태에서 세타파가 불규칙하게 흐르면, 감정 조절이 어려워지고 부정적인 사고에 쉽게 빠질 수 있다.

이처럼 세타파는 창의력과 학습을 촉진하는 데 중요한 역할을 하지만, 그 흐름이 지나치거나 불안정할 경우 집중력 저하와 정신적 혼란을 초래할 수 있다. 결국, 세타파는 적절한 균형을 유지할 때에야 비로소 유익한 도구가 되며, 상황에 맞게 조절된다면 강력한 인지 자원이 될 수 있다.

내면의 조율사
알파파

알파파는 깨어 있으면서 이완된 상태에서 주로 나타나며, 눈을 감으면 활성도가 증가하는 특징이 있다. 이는 휴식이나 명상 상태에서 두드러지며, 정신적 각성과 이완의 균형을 잘 반영한다. 알파파는 안정된 뇌 활동과 관련이 있으며, 스트레스 완화 및 심리적 안정과도 밀접한 연관이 있다.

알파파는 8~13Hz의 부드러운 리듬을 가진 뇌파로, 뇌가 휴식과 안정 속에 있을 때 자연스럽게 증가한다. 마치 낮과 밤의 경계에서 황혼이 찾아오듯, 이 파동은 활동과 수면 사이에서 뇌를 부드럽게 감싸며 균형을 유지하는 역할을 한다. 눈을 감고 깊은 숨을 들이마시거나, 명상과 참선, 단전 호흡을 할 때 더욱 활발해지며, 우리를 차분하고 편안한 상태로 이끌어 준다. 그래서 종종 뇌의 '중개자'라 불리기도 한다. 지나치게 각성되지도 않고, 깊이 가라앉지도 않은 그 중간 지점에서 뇌를 조화롭게 유지해 주기 때문이다.

이 파동이 좌반구와 우반구에서 균형 있게 생성되면, 감정은 안정되고 마음은 평온해진다. 그런 상태에서는 사회적 관계에 잘 적응하며, 일상 속에서 자연스럽게 여유를 느낄 수 있다. 반면, 좌우뇌의 불균형은 성향과 정서에 영향을 미친다. 좌뇌에서 더 강하게 나타날 경우 내성적이고 우울한 경향이 나타나고, 우뇌 쪽에서 우세해지면 외향적이고 낙관적인 성향이 두드러지게 된다. 실제로 우울증 환자의 경우 좌뇌 전두엽에 알파파가 과도하게 나타나는 경향이 있으며, 조울증 환자에게서는 좌우뇌의 활성도가 교대로 흔들리는 불규칙한 패턴이 관찰되기도 한다. 뇌가 지나치게 활동하거나 감정적으로 균형을 잃으면, 우리는 쉽게 불안해지고 스트레스를 받게 된다. 결국, 알파파는 뇌가 긴장을 풀고 안정감을 찾도록 돕는 중요한 역할을 한다.

잠을 이루지 못하는 밤, 우리는 눈을 감고도 깊은 쉼에 들지 못한다. 정상적인 수면에서는 세타파와 델타파가 활성화되어 몸과 마음이 깊은 휴식에 들어가야 하지만, 불면증을 겪는 사람들은 베타파가 과도하게 활성화되면서 끊임없이 생각이 떠오르고 잠이 오지 않는다. 이때 알파파는 잠을 청하는 몸과 마음을 부드럽게 감싸주며, 안정적인 수면으로 이끌어준다. 좌우뇌의 알파파가 조화롭게 흐르면 깊은 숙면이 찾아오고, 하루의 피로가 씻겨 나가듯 뇌는 새로운 날을 준비할 수 있다.

눈을 감으면 자연스럽게 증가하는 알파파는, 우리가 눈을 뜨고 집중해야 할 때는 서서히 사라진다. 이를 '알파 차단(Alpha blocking)'이라고 하는데, 이는 뇌가 외부 자극을 받아들일 준비를 하는 과정과 연관이 있다. 복잡한 문제를 해결하거나, 집중해야 하는 상황에서는 알파파가 줄어들고 베타파가 활성화되며, 우리는 더욱 경계 상태로 변한다. 하지만 과도한 각성과 스트레스 속에서 알파파가 부족해진다면, 우리는 쉽게 지치고 불안해질 수 있다.

알파파는 단순한 뇌파가 아니다. 그것은 우리의 내면을 조율하는 보이지 않는 선율이며, 마음의 평온을 유지하는 자연스러운 리듬이다. 우리는 알파파의 흐름을 따라 휴식을 취하고, 깊은 숨을 들이쉬며, 내면의 균형을 찾아갈 수 있다. 고요한 물결처럼 잔잔하게 흐르는 이 뇌의 리듬이 우리를 감싸줄 때, 우리는 비로소 가장 편안한 자신을 만날 수 있다.

각성의 마법사
SMR파

뇌가 집중과 이완을 균형 있게 조율할 수 있을 때, 우리는 최적의 각성 상태를 경험하게 된다. 이 상태는 학습 능력을 높이고, 감정을 안정시키며, 깊은 수면으로 이어지게 한다. 또한 신경 발달에 어려움을 겪는 이들에게도 회복과 향상의 가능성을 제시해 준다.

12~15Hz의 주파수 범위를 가진 뇌파로, 감각과 운동을 담당하는 감각운동 피질에서 관찰된다. 이 뇌파는 대뇌피질 아래의 운동감각 경로와 긴밀하게 연결되어 있으며, 집중과 이완을 동시에 유지하는 데 중요한 역할을 한다. 마치 자동차가 신호등 앞에서 가속과 감속을 적절히 조절하듯, SMR파는 뇌가 지나치게 가라앉지도, 과도하게 흥분하지도 않도록 균형을 유지해 준다.

이 뇌파를 처음 발견한 사람은 미국 UCLA의 신경과학자 배리 스터먼(Barry Sterman)이다. 1960년대, 그는 고양이를 대상으로 실험을 진행하던 중, 특정 훈련을 받은 개체들이 안정적인 신경 활동을 보이며 특별한 뇌파를 생성한다는 사실을 밝혀냈다. 이후 인간을 대상으로 한 연구에서도, SMR파는 적절한 각성 상태를 유지할 때 나타나는 중요한 신호임이 확인되었다.

　SMR파는 집중이 필요한 순간과 이완이 필요한 순간 사이에서 뇌의 상태를 조율하는 역할을 한다. 이는 알파파와 베타파의 중간 주파수에서 발생하며, 뇌가 휴식상태에서 활동 상태로 전환되는 과정에서 중요한 역할을 수행한다. 예를 들어, 알파파는 깊은 이완과 관련되고, 베타파는 논리적 사고와 집중력 향상에 기여하는 반면, SMR파는 이 둘을 자연스럽게 연결하면서 맑은 각성과 차분한 집중을 동시에 유지할 수 있도록 돕는다.

　건강한 성인의 경우, 깨어 있을 때 세타파와 SMR파의 비율이 약 2:1로 유지되는 것이 이상적이다. 그러나 50세 이후에는 세타파 비율이 다시 증가하면서 뇌가 쉽게 피로를 느끼고, 기억력이 저하되는 경향을 보인다. 학습장애, 자폐, 언어장애, 발달 장애 등 신경 발달에 문제가 있는 경우에는 델타파와 세타파가 과도하게 활성화되어 있는 경우가 많다. 이때 SMR파를 강화하면 뇌의 각성을 도와 증상을 완화하는데 도움을 줄 수 있다.

활발한 사고의 리듬
베타파

베타파는 일상에서 능동적으로 사고하고, 문제를 해결하며, 목표를 향해 집중하는 데 필수적인 뇌파이다. 그러나 그 속도와 강도를 잘 조절하는 것 역시 건강한 뇌 기능 유지에 있어 중요한 요소다.

베타파는 13Hz 이상의 높은 주파수를 가진 뇌파로, 사고와 집중, 학습 과정에서 두드러지게 나타난다. 깨어 있는 성인의 뇌에서 주로 관찰되며, 특히 전두엽 부위에서 활발한 활동을 보인다. 저베타파(13~20Hz)는 논리적 사고, 암기, 계산, 분석적인 문제 해결 시 증가하며, 뇌가 외부 자극을 신속하게 처리하도록 돕는다. 반면 고베타파(20Hz 이상)는 높은 각성과 긴장 상태를 반영하며, 스트레스 반응이나 격렬한 신체 활동 중에 강하게 나타난다.

이 뇌파는 단순히 사고 과정에만 관여하는 것이 아니라, 감각과 운동 기능을 조율하는 데도 중요한 역할을 한다. 예를 들어, 신체가 움직일 준비를 할 때 감각과 운동을 연결하는 특정한 베타파가 활성화되며, 이는 뇌가 운동을 계획하고 실행하는 데 관여한다. 활동이 종료된 후 뇌가 다시 안정 상태로 전환될 때, 반동 현상으로 베타파가 다시 나타나기도 한다. 이러한 과정을 통해 베타파는 신체와 정신을 유기적으로 연결하며, 전반적인 조율을 돕는다.

하지만 베타파가 항상 긍정적인 결과만을 가져오는 것은 아니다. 과도하게 활성화되면 오히려 긴장과 불안을 유발할 수 있으며, 지속적인 스트레스나 과도한 정신적 활동은 뇌를 쉽게 피로하게 만든다. 이로 인해 수면 장애, 만성 스트레스, 집중력 저하 등이 나타날 수 있다. 따라서 베타파는 필요할 때 활성화되고, 적절한 휴식을 통해 안정되도록 조절하는 것이 중요하다.

심리적 모든 것은 뇌파에서 시작된다

때때로 이유 없이 기분이 가라앉거나, 반대로 설명할 수 없는 기쁨을 느끼곤 한다. 어떤 날은 집중이 잘되지만, 어떤 날은 한 문장조차 제대로 읽기 어렵다. 감정과 생각, 행동이 매 순간 변하는 이유는 무엇일까? 심리학자들은 오랫동안 이 질문에 답을 찾으려 했고, 그 해답을 현대 신경과학에서는 뇌파를 통해 알 수 있었다.

뇌는 끊임없이 전기적 신호를 주고받으며, 감정과 사고, 행동을 조율하는 정교한 시스템이다. 그리고 이 전기적 흐름이 만들어내는 리듬이 바로 뇌파다. 마치 음악의 선율이 우리의 감정을 움직이듯, 뇌파도 우리의 심리 상태를 결정짓는다. 어떤 뇌파가 지배적인가에 따라 우리는 평온함을 느끼기도 하고, 불안해지기도 하며, 창의적인 아이디어를 떠올리기도 한다.

어떤 사람은 문제를 해결할 때 논리적으로 사고하고, 또 어떤 사람은 직관에 의존해 해답을 찾는다. 이는 단순한 성격 차이에 그치지 않는다. 각자의 사고방식은 뇌파 패턴에 따라 달라진다.

논리적이고 분석적인 유형은 주로 베타파가 활발하게 나타나는 경향이 있다. 이들은 정보를 빠르게 정리하고 체계적으로 계획을 세우는 데 능숙하다. 하지만 베타파가 과도하게 활성화되면 스트레스와 불안이 쉽게 유발되고, 지나친 사고로 인해 오히려 결정을 내리기 어려워질 수 있다.

반면, 창의적이고 직관적인 사고를 하는 사람들에게는 세타파가 우세하다. 이들은 무의식적인 사고 과정을 통해 창의적인 아이디어를 떠올리고, 공상과 내면의 흐름 속에서 해답을 찾는다. 감성이 풍부하고 직관이 뛰어나지만, 현실적인 문제 해결에는 다소 어려움을 겪는 경우도 있다.

두 가지 사고 방식은 모두 중요하며, 이들 사이의 균형이 가장 이상적이다. 적절한 베타파는 논리적 사고를 도와주고, 세타파는 창의적인 아이디어를 활성화한다. 뇌가 이 두 가지 뇌파를 조화롭게 활용할 때, 사고는 더욱 유연하고 효과적으로 이루어진다.

그렇다면 우리는 뇌파를 조절할 수 있을까? 신경과학은 이에 대해 "Yes"라고 말한다. 뇌파는 단순히 사고와 감정을 반영하는 데 그치지 않고, 우리가 어떻게 생각하고 행동하느냐에 따라 달라질 수 있다.

예를 들어, 명상이나 깊은 호흡을 할 때 알파파와 세타파가 증가하여 불안이 줄어들고, 창의적인 사고가 활발해진다. 반대로, 집중 훈련을 하면 베타파가 증가하여 사고의 명료성이 높아지고 문제 해결 능력이 강화된다.

우리는 흔히 감정과 사고가 외부 환경에 의해 결정된다고 생각하지만, 그 이면에는 뇌파라는 보이지 않는 흐름이 존재한다. 우리가 어떤 감정을 느끼고, 어떤 방식으로 사고하는지는 뇌파의 패턴에 의해 영향을 받는다. 그리고 이 흐름을 이해하고 조율할 수 있다면, 보다 명확한 사고와 안정된 정서 상태를 유지할 수 있다.

결국, 심리적 사고의 모든 것은 뇌파에서 비롯된다. 그 흐름을 인식하고 조율하는 것이, 곧 자기 자신을 더 깊이 이해하는 길이 된다.

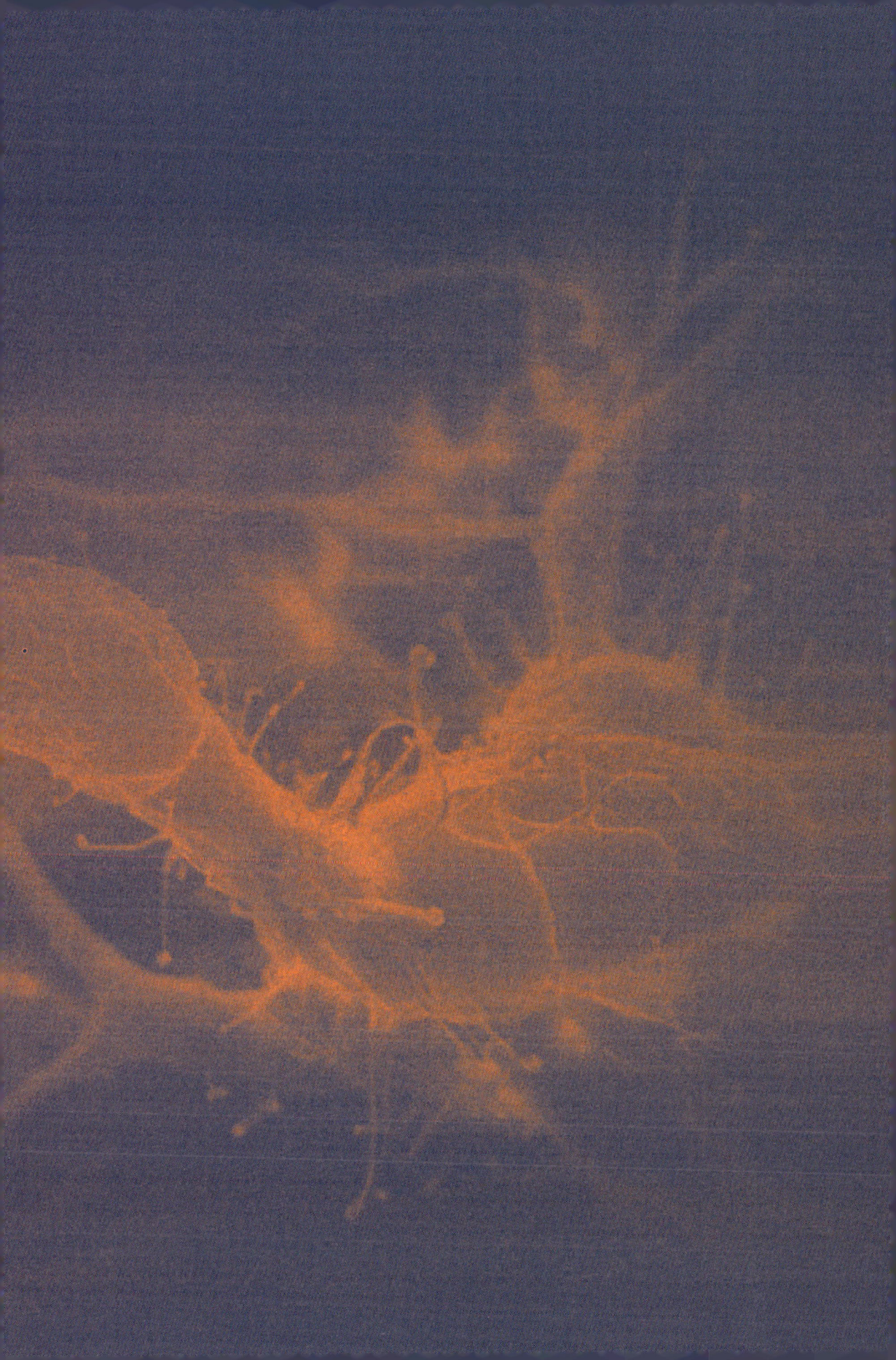

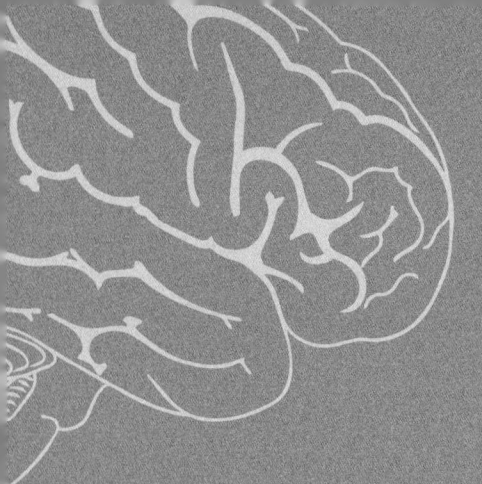
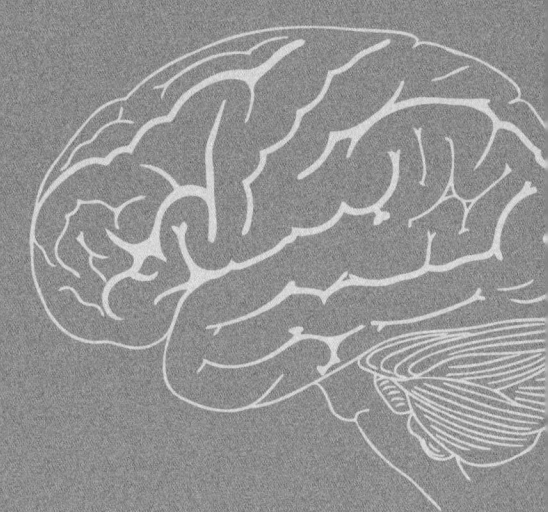

| 3장 |
뉴로피드백의 여정

뇌와 대화하는 법을 찾다.

뇌는 오랫동안 침묵 속에 머물러 있었다. 감정과 사고, 행동이 어디에서 비롯되는지 알지 못한 채, 인간은 그 신비로운 세계를 탐구하려 했다. 그리고 마침내, 뇌가 보내는 신호를 읽고 그것과 소통할 수 있다는 사실이 밝혀졌다.

뉴로피드백의 역사는 곧, 인간이 뇌와 대화하는 법을 찾아온 여정이다. 한스 베르거가 최초로 뇌파를 기록한 순간부터, 조 카미야와 배리 스터먼이 뇌파 조절의 가능성을 입증한 시점까지 그 여정은 뇌가 변화할 수 있다는 희망을 하나씩 밝혀온 과정이었다.

이 장에서는 뇌파 연구의 시작과 뉴로피드백이 탄생하기까지의 길을 따라가 본다. 보이지 않는 흐름을 기록하려 했던 이들, 그 신호를 조율하는 법을 찾아낸 연구자들, 그리고 뇌가 스스로를 변화시킬 수 있다는 가능성에 기대어 실험을 거듭해온 이들의 이야기를 전하고자 한다.

뇌파의 발견과 초기 연구

> "뇌는 끊임없이 움직이는 에너지를 품고 있다.
> 그것을 이해하는 것이 인간을 이해하는 길이다."
>
> 한스 베르거(Hans Berger) – 뇌파 발견자

뇌의 숨은 언어를 발견하다 – 한스 베르거의 여정

1920년 당시 독일 에나(Jena) 대학교의 정신과 의사이자 신경학 교수였던 한스 베르거(Hans Berger, 1873–1941)는 뇌의 신호를 기록하기 위한 조용한 연구를 이어가고 있었다. 그러나 그의 여정은 처음부터 순탄하지 않았다. 1902년부터 개의 대뇌에서 전기적 활동을 측정하려는 시도를 이어갔지만, 뚜렷한 성과를 얻지 못했다. 그럼에도 그는 실험을 멈추지 않았고, 1920년대에 들어서면서 마침내 인간을 대상으로 한 실험에 착수했다.

당시에는 스트링 갈바노미터와 같은 원시적인 장비를 활용해 수많은 실험을 반복해야 했다. 그리고 1924년, 두개골이 손상된 전쟁 참전용사를 대상으로 한 실험에서 인간 뇌의 전기 신호를 감지하는 데 성공했다.

1925년, 그는 자신의 아들을 대상으로 실험을 진행했고, 눈을 감았을 때와 떴을 때 뇌의 신호가 달라지는 현상을 발견했다. 이 발견을 계기로, 뇌의 전기적 리듬에 대한 본격적인 연구가 시작되었다.

1929년에는 최초로 뇌전도(EEG, Electroencephalography)를 기록하고 이를 학계에 발표하였다. 그러나 그의 논문은 난해한 독일어로 서술되어 있었고, 당시 학계에서는 큰 주목을 받지 못했다. 그럼에도 불구하고, 그는 뇌파가 단순한 전기 신호가 아니라 인간의 정신과 밀접하게 연결된 중요한 요소라고 확신했다. 시간이 흐르며 그의 연구는 점차 재조명되었고, 1937년에는 국제심리학회와 갈바니 탄생 200주년 기념식에 초청되어 업적을 인정받게 되었다. 그러나 1938년, 나치 정권과의 갈등으로 인해 교수직을 박탈당한 그는 연구를 이어갈 수 없었고, 깊은 우울에 빠졌다. 결국 1941년 6월 1일, 한스 베르거는 스스로 생을 마감하였다.

그는 생전 자신의 연구가 완성되지 않았다고 여겼을지도 모른다. 그러나 그가 발견한 EEG는 오늘날 신경과학과 심리학의 기초가 되는 도구가 되었다. 이제 우리는 그의 연구 덕분에 뇌파를 통해 뇌의 언어를 해석할 수 있으며, 뉴로피드백과 같은 기술 또한 이 기반 위에서 발전해 나가고 있다.

보이지 않는 뇌의 신호를 듣고, 그것과 대화할 수 있는 시대, 그 모든 시작은 한스 베르거의 집념에서 비롯되었다.

뉴로피드백의 태동
뇌와 대화하는 새로운 방법을 발견하다

> "의식적으로 뇌의 흐름을 조절할 수 있다는 것은
> 인간의 가능성을 확장하는 혁신이다."
>
> 조 카미야(Joe Kamiya) – 알파파 연구자

알파파와의 대화 – 조 카미야의 실험

1960년대, 시카고대학교 심리학과의 조 카미야(Joe Kamiya, 1926-2021) 교수는 인간이 자신의 뇌파를 자각하고 조절할 수 있는지를 탐구하는 실험을 시작했다. 그는 "인간은 자신의 뇌 상태를 인식하고 통제할 수 있는가?"라는 근본적인 질문을 던졌고, 이를 확인하기 위해 당시로서는 획기적인 실험을 설계하였다.

그의 실험은 간단하지만 혁신적이었다. 피험자들에게 일정한 시간 간격으로 "지금 당신은 알파파 상태에 있는가?"라는 질문을 스스로 판단하게 한 뒤, 실제로 EEG를 통해 그 판단의 정확도를 측정하는 방식이었다.

실험 첫날, 피험자들의 정답률은 50% 수준으로 거의 무작위에 가까웠지만, 실험이 지속되면서 놀라운 변화가 나타났다. 이튿날에는 정확도가 65%로 상승했고, 셋째 날에는 85%, 넷째 날에는 거의 100%에 이르는 수준까지 도달하였다.

이 결과는 인간이 자신의 뇌 상태를 점차 정확하게 자각하고, 나아가 조절할 수 있음을 시사하였다. 단지 뇌파를 측정하는 것을 넘어, 의식적으로 뇌파 상태를 조율할 수 있다는 가능성을 처음으로 보여준 사례였다.

조 카미야 교수는 이 연구 결과를 1968년 『Psychology Today』에 발표하였으며, 이는 학계와 대중 모두에게 큰 반향을 불러일으켰다. 그의 실험은 오늘날 뉴로피드백의 기초가 되었고, 감정 조절, 집중력 향상, 심신 건강 증진 등 다양한 분야에서의 응용 가능성을 열어 주었다. 이후 그의 연구는 더욱 확장되어 알파파를 활용한 심신 이완과 명상 연구로 이어졌다. 알파파 상태는 스트레스 감소, 불안 완화, 창의성 향상 등 다양한 긍정적 효과와 관련되어 있었으며, 이는 현대 뉴로피드백 기술 발전에 중요한 토대를 제공하였다.

조 카미야 교수의 연구는 문학과도 연결된다.『 갈매기의 꿈 』(Jonathan Livingston Seagull, 1970)의 저자인 리처드 바크(Richard Bach)는 조 카미야 교수의 실험 참여자로 알려져 있으며, 그의 작품은 알파파와 의식 확장에 관한 철학적 메시지를 담고 있는 것으로 해석되곤 한다.『갈매기의 꿈』은 자아 발견과 한계를 넘어선 비행, 자유로운 영혼의 성장을 주제로 하며, 뉴에이지 철학과 자율적 의식 계발 운동에 깊은 영향을 미친 작품이다.

이처럼 조 카미야의 연구는 단지 과학적 발견에 그치지 않고, 인간의 내면적 성장과 영적 확장에 대한 새로운 시각을 제시하며 학문과 예술을 아우르는 깊은 울림을 남겼다.

> "우리는 뇌를 변화시킬 수 있다.
> 뇌의 변화는 곧 삶의 변화다."
>
> 배리 스터먼 (Barry Sterman) – SMR 뉴로피드백 연구자

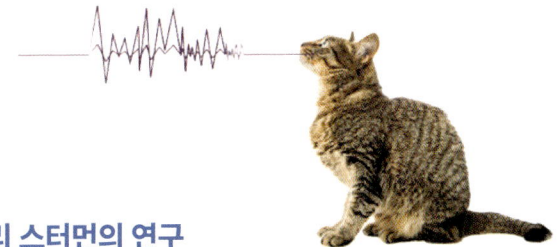

SMR파 주의력 – 배리 스터먼의 연구

1960년대 후반, 캘리포니아 대학교 로스앤젤레스(UCLA)의 심리학교수 배리 스터먼(Barry Sterman)은 뇌파가 행동과 신경 기능에 미치는 영향을 연구하고 있었다. 그의 연구는 단순히 뇌의 활동을 기록하는 것을 넘어, "뇌파를 훈련할 수 있다면 행동과 신경 기능을 조절할 수 있을까?"라는 질문에서 출발했다.

1965년, 고양이를 대상으로 조작적 조건화(Operant Conditioning) 실험을 진행하던 중, 그는 우연히 새로운 유형의 뇌파를 발견하게 되었다. 실험을 통해 고양이들이 특정 행동을 학습하도록 유도하며 뇌파 변화를 관찰한 결과, 고양이들은 먹이 보상을 얻기 위해 특정 조건에서 움직이지 않고 대비 태세를 유지하는 행동을 보였다. 이때 스터먼은 고양이의 대뇌 운동 영역에서 12~15Hz 범위의 특이한 뇌파 활동이 발생하는 것을 확인하였다. 그는 이 뇌파가 감각과 운동 기능이 결합된 상태에서 나타난다는 점에 주목하였고, 이를 감각운동 리듬(SMR, Sensorimotor Rhythm)이라고 명명하였다.

이후 스터먼은 이 뇌파를 인위적으로 강화할 수 있는지를 확인하기 위해 SMR 훈련을 적용하였다. 그는 조작적 조건형성 기법을 사용해, 고양이들이 SMR 활동을 증가시킬 때마다 보상을 제공하는 방식으로 실험을 진행하였다. 그 결과, SMR 훈련을 받은 고양이들은 훈련 이전보다 더욱 안정된 신경 반응을 보였고, 일정한 패턴으로 SMR을 증가시킬 수 있었다.

이 연구가 더욱 주목받게 된 계기는, 스터먼이 NASA의 의뢰를 받아 로켓 연료의 독성 실험을 수행하면서였다. NASA는 로켓 연료 성분 중 일부가 중추신경계에 미치는 영향을 분석하고자 스터먼에게 실험을 의뢰하였다. 실험 결과, 해당 성분이 고양이들에게 신경 독성을 유발해 발작을 일으킨다는 사실이 밝혀졌다. 그러나 놀랍게도, 이전에 SMR 훈련을 받은 고양이들은 같은 독성 물질에 노출되었음에도 발작 발생률이 현저히 낮았고, 일부는 전혀 발작을 일으키지 않았다. 이는 SMR 훈련이 신경계를 안정화시키고 발작에 대한 저항력을 높일 수 있음을 보여주는 강력한 증거가 되었다.

스터먼은 이 발견을 바탕으로, SMR 훈련이 인간에게도 효과가 있을지를 연구하기 시작하였다. 그는 발작 장애(간질)를 가진 환자들을 대상으로 동일한 뉴로피드백 절차를 적용했고, 환자들이 SMR을 강화할수록 발작 증상이 점차 완화되는 결과를 확인하였다. 훈련을 받은 환자들은 발작빈도가 줄어들었으며, 일부는 더 이상 발작을 경험하지 않는 수준에 도달하기도 했다. 이는 뉴로피드백이 신경계를 직접 조절할 수 있는 가능성을 보여주는 중요한 연구 결과였다.

스터먼의 연구는 이후 뉴로피드백이 간질뿐 아니라 주의력결핍과잉행동장애(ADHD), 불안 장애, 수면 장애 등 다양한 신경학적 상태에 적용 될 수 있는 길을 열었다.

> "마음의 평온은 뇌에서 시작된다.
> 우리가 스스로 그것을 조절할 수 있다면, 삶은 달라질 것이다."
>
> 엘머 그린(Elmer Green) – 세타파 훈련 연구자

명상과 뇌의 조화 – 엘머 그린의 연구

엘머 그린(Elmer Green, 1917–2017)은 명상의 신비를 과학적으로 탐구하고자 한 선구적인 학자였다. 그는 명상과 뇌파의 관계를 연구하며, 뇌가 특정한 정신 상태에서 어떻게 변화하는지를 측정하고자 했다.

그의 연구는 실험실이 아닌, 인도 전역을 무대로 시작되었다. 그린은 요가 수행자인 요기(Yogi)들과 명상가들을 직접 찾아다니며, 그들이 깊은 명상 상태에 들어갔을 때 뇌파가 어떻게 변화하는지를 조사했다. 이 실험은 기존 서구 과학이 다루지 않았던 영역에 대한 도전이었으며, 명상과 의식 상태가 단순한 심리적 경험이 아니라 뇌의 전기적 활동에도 깊은 영향을 미친다는 사실을 밝혀낸 중요한 연구였다.

그는 요기들이 깊은 몰입 상태에 들어갔을 때, 뇌파가 명확한 패턴을 보인다는 사실을 발견했다. 명상 중인 요기들의 뇌에서는 알파파(Alpha wave)와 세타파(Theta wave)가 강하게 활성화되었다. 알파파는 심리적 안정과 이완의 상태를 반영하며, 스트레스에서 벗어나 창의적인 사고를 촉진하는 역할을 한다. 세타파는 무의식과 연결된 뇌파로, 기억과 감정을 깊이 있게 연결하고 내면의 평온함을 이끌어낸다.

요기들이 깊은 명상에 들어갈수록 세타파는 점차 강해졌고, 이는 마치 꿈을 꾸듯 의식과 무의식이 연결되는 순간이었다. 이들은 이러한 상태에서 강한 직관력을 보이기도 했으며, 명확한 시각적 이미지나 깊은 통찰을 경험하기도 했다.

그의 연구는 이후 심리치료, 감정 조절, 창의력 개발, 그리고 트라우마 극복을 위한 방법으로 확장되었다. 뇌가 특정한 리듬을 만들고 이를 지속적으로 조율할 수 있다면, 감정의 기복에서 벗어나 내면의 균형을 유지하며 삶을 더 깊이 이해할 수 있을 것이다.

엘머 그린이 밝혀낸 것은 단순한 명상의 효과가 아니었다. 그것은 뇌와 마음이 하나로 연결되어 있으며, 우리가 의식적으로 그 흐름을 조절할 수 있다는 사실이었다. 뉴로피드백을 통해 누구나 뇌의 리듬을 조율할 수 있으며, 자신의 내면을 탐구하는 길을 열어갈 수 있다. 그의 연구는 뇌과학과 심리학이 나아갈 새로운 가능성을 제시하며, 지금도 많은 연구자들이 그의 발자취를 따라가고 있다.

임상 연구와 실용적 적용

1980년대에 접어들면서 뉴로피드백은 실험실을 벗어나 본격적인 임상 연구와 실용적 적용의 단계로 발전하기 시작했다. 초기에는 뇌파 훈련이 단순한 심리 실험의 일부로 여겨졌지만, 점차 신경과학과 정신의학 분야에서 실제 활용 가능성이 확대되었다. 연구자들은 뉴로피드백이 단순한 뇌의 전기적 반응을 조절하는 것 이상으로, 주의력 조절, 정서 안정, 만성 스트레스 완화, 심지어 간질과 같은 신경학적 문제의 조정에도 기여할 수 있다는 사실을 발견하기 시작했다.

이 시기 뉴로피드백 임상 연구를 주도한 인물 중 한 명은 유진 페니스톤(Eugene Peniston)이었다. 그는 PTSD(외상 후 스트레스 장애)와 알코올 중독 치료에서 뉴로피드백의 효과를 연구하며, 알파-세타 훈련(Alpha-Theta Training)이 환자의 감정 조절과 심리적 회복에 긍정적인 영향을 미칠 수 있음을 입증했다. 전통적인 치료법만으로는 회복이 어려운 전쟁 참전 용사들에게 뉴로피드백을 적용한 결과, 불안과 우울이 감소하고 감정 조절 능력이 향상되는 효과를 확인하였다.

같은 시기, 조엘 루바(Joel Lubar)는 ADHD 아동 을 대상으로 뉴로피드백의 효과를 연구하며, 주의력 결핍과 과잉 행동이 특정한 뇌파 패턴과 밀접하게 연관되어 있음을 밝혀냈다. 그는 ADHD 아동의 뇌에서 세타파(Theta wave)가 과도하게 활성화되어 있으며, 반대로 집중력과 관련된 베타파(Beta wave)가 부족하다는 점에 주목하였다. 이를 기반으로 뉴로피드백 훈련을 적용한 결과, 아동들의 주의력과 행동조절 능력이 눈에 띄게 향상되었고, 학업 성취도까지 개선되는 효과가 나타났다.

1989년, 배리 스터먼(Barry Sterman)은 간질 환자를 대상으로 뉴로피드백 훈련이 뇌의 이상 신호를 조절하는 데 도움을 줄 수 있음을 실험적으로 입증했다.

> "트라우마는 뇌 속에 흔적으로 남는다.
> 하지만 우리는 그 흔적을 지울 수 있다."
>
> 유진 페니스톤(Eugene Peniston) – 알파/세타 뉴로피드백으로 PTSD연구

외상 후 스트레스 장애와 알코올 중독 - 유진 페니스톤

유진 페니스톤(Eugene Peniston)은 뉴로피드백(Neurofeedback) 연구의 선구자로, 외상 후 스트레스 장애(PTSD)와 알코올 중독 치료에서 뉴로피드백의 효과를 입증한 인물로 널리 알려져 있다. 그는 뇌파 훈련(EEG Biofeedback, Neurotherapy)이 단순한 신경 조절을 넘어서 감정 조절과 심리적 회복에 긍정적인 영향을 미칠 수 있음을 밝혀냈다.

1980년대 후반, 페니스톤 박사는 미군 참전 군인의 PTSD 치료를 위해 알파-세타 뉴로피드백(Alpha-Theta Neurofeedback) 기법을 개발하였다. 이 기법은 전두엽과 측두엽에서 알파파(α)와 세타파(θ)를 증진시키는 훈련을 통해 심리적 외상을 완화하는 데 초점을 맞추었다. 그의 연구 결과에 따르면, 뉴로피드백 훈련을 받은 PTSD 환자들은 기존의 약물 치료에 비해 더 장기적이고 안정적인 치료 효과를 경험하였으며, 감정의 조절 능력 또한 유의미하게 향상되었다.

이 연구는 뉴로피드백이 PTSD 치료뿐 아니라, 정신 건강 전반을 위한 비약물적 접근법으로서 활용될 수 있는 가능성을 보여준 획기적인 사례로 평가된다.

그의 연구는 PTSD 치료뿐만 아니라 알코올 중독 치료에도 확대 적용되었다. 1990년대 초반, 그는 알코올 중독 환자들에게 알파-세타 뉴로피드백 훈련을 실시하였고, 훈련을 받은 집단에서 재발률이 현저히 감소하는 결과를 보고하였다. 이들은 감정을 보다 효과적으로 조절할 수 있게 되었으며, 불안과 우울의 정도도 유의하게 낮아지는 경향을 보였다. 이는 단순히 알코올 의존을 줄이는 차원을 넘어, 심리적 안정과 자기 조절 능력을 향상시키는 방식으로 중독 치료가 가능하다는 사실을 시사한다.

페니스톤 박사의 연구는 뉴로피드백이 PTSD와 알코올 중독을 넘어 불안장애, 우울증, 충동 조절 장애 등 다양한 정신 건강 문제에도 적용될 수 있는 기반을 마련하 였다. 또한 약물에 의존하지 않고, 신경가소성을 활용하여 심리적 문제를 개선할 수 있는 대안적 치료법으로 뉴로피드백이 자리 잡는 데 핵심적인 역할을 하였다.

그는 뇌파 변화가 감정 조절과 행동 변화에 직접적인 영향을 줄 수 있다는 개념을 정립하였고, 이후 연구자들이 뉴로피드백의 효과를 신경과학적 관점에서 체계적으로 탐구할 수 있도록 학문적 토대를 제공하였다.

> "뉴로피드백은 신경망을 재구성하고,
> 이를 통해 아이들의 삶을 변화시킨다."
>
> 조엘 루바(Joel Lubar) – ADHD뉴로피드백 연구자

ADHD와 학습장애 치료의 새로운 길 – 조엘 루바의 연구

1960~70년대, 테네시대학교 심리학과의 조엘 루바(Joel Lubar) 교수는 학습장애와 주의력 결핍 장애(ADD), 그리고 주의력 결핍 과잉행동 장애(ADHD)를 연구하던 중 중요한 사실 하나를 발견하였다. ADHD 아동들의 뇌에서는 특정한 뇌파 패턴이 반복되고 있었는데, 그것은 바로 세타파(Theta wave)의 과활성이었다.

세타파는 뇌가 깊이 이완되었거나 공상 상태에 있을 때 주로 나타나는 뇌파다. 하지만 이 파동이 과도하게 활성화되면, 주의력과 집중력이 저하되고, 충동적인 행동이 증가하며, 과제를 끝까지 수행하는 데 어려움을 겪게 된다. 루바 교수는 ADHD 아동들의 세타파가 정상 아동에 비해 현저히 높고, 반대로 집중력과 관련된 베타파(Beta wave)는 낮다는 점에 주목하였다.

그는 세타파와 베타파의 비율(Theta/Beta Ratio, TBR)을 측정하는 방법을 개발하였고, 이를 통해 ADHD 진단의 객관적인 생리적 기준을 정립하는 데 기여했다. 더 나아가, 뉴로피드백 훈련을 통해 세타파를 억제하고 베타파를 증진시키면 주의력과 집중력이 향상될 수 있다는 사실을 실험적으로 입증하였다.

신경가소성과 뉴로피드백
뇌는 스스로 변화할 수 있다

신경가소성은 뇌가 경험과 학습을 통해 스스로 변화하고 회복할 수 있는 능력을 의미한다. 뉴로피드백은 이러한 신경가소성을 기반으로 뇌가 자신의 기능을 조절하고 최적화할 수 있도록 돕는 과학적 훈련 방법이다.

한때 뇌는 단단하고 고정된 구조를 가진 기관으로 여겨졌다. 특히 성인이 된 이후의 뇌는 더 이상 변화하지 않는다는 것이 오랫동안 신경과학계의 상식이었다. 그러나 19세기 말, 스페인의 신경해부학자 산티아고 라몬 이 카할(Santiago Ramón y Cajal)은 이 통념에 정면으로 도전하였다. 그는 뉴런이 독립된 단위로 작동한다는 '뉴런 독립설'을 주장하며, 뇌가 경험과 학습에 따라 스스로를 재조직할 수 있다는 놀라운 가능성을 제시했다. 당시 그의 주장은 과학계의 주류로 받아들여지지 않았지만, 시간이 흐르면서 점차 그 예견은 현실이 되어 갔다.

20세기 중반까지도 "성인의 뇌는 더 이상 변하지 않는다"는 인식은 여전히 지배적이었다. 그러나 마이클 메르제니치(Michael Merzenich)를 비롯한 과학자들은 이 믿음을 뒤흔드는 실험적 증거를 하나둘씩 제시해 나갔다. 메르제니치는 원숭이의 청각 피질에 대한 실험을 통해, 손상된 신경이 있는 경우 주변의 건강한 뇌영역이 그 기능을 대신하도록 스스로 구조를 바꾼다는 사실을 발견하였다. 그는 학습이나 훈련이 단순한 지식 습득을 넘어, 실제로 뇌의 물리적 구조 자체를 변화시킬 수 있다는 사실을 입증했다.

이처럼 신경가소성(Neuroplasticity)은 단순한 이론이 아니라, 뇌가 외부의 경험에 적응하며 스스로를 변화시키는 생명체라는 사실을 보여주는 핵심 개념이다.

현대에 들어 신경가소성은 단지 학문적 개념을 넘어서, 실제 임상 현장과 심리치료, 교육, 스포츠 훈련 등 다양한 분야에서 광범위하게 활용되고 있다. 노먼 도이지(Norman Doidge)는 『스스로 치유하는 뇌(The Brain That Changes Itself)』를 통해 신경가소성을 대중에게 널리 알렸으며, 이 개념이 우울증, 불안, 중독, 트라우마, 심지어 뇌졸중과 같은 신경계 손상 회복에까지 응용될 수 있음을 풍부한 임상사례를 통해 보여주었다. 그는 뉴로피드백을 비롯한 다양한 인지 훈련과 심리치료가 어떻게 뇌의 회로를 재조직하고 감정 조절 능력을 회복시킬 수 있는지를 구체적인 사례와 함께 설명하였다.

그렇다면 뉴로피드백은 신경가소성과 어떤 관계가 있을까? 뉴로피드백은 뇌파를 실시간으로 측정하고, 시각적·청각적 피드백을 통해 뇌가 스스로를 조절하도록 돕는 기술이다. 중요한 점은, 이 과정이 단순한 반사적 조절이 아니라 지속적인 훈련을 통해 뇌가 새로운 회로를 형성하도록 유도한다는 데 있다. 다시 말해, 뉴로피드백은 신경가소성을 촉진하는 강력한 도구인 것이다.

예를 들어, 주의력결핍 아동의 뇌파에서 세타파가 과도하게 나타나는 경우, 뉴로피드백을 통해 감각운동 리듬(SMR) 파장을 강화하는 훈련을 시행하면 실제로 주의 집중력과 학습 능력이 향상된다. 이러한 변화는 단기적인 뇌파 조절에 그치지 않고, 반복 훈련을 통해 뇌 회로 자체가 재조직되는 결과를 낳는다. 이는 신경가소성이 실제로 작동하고 있다는 강력한 증거이자 실현된 사례라 할 수 있다.

또한, 불안장애나 트라우마, 우울증을 겪는 이들 역시 뉴로피드백을 통해 정서적 안정과 자기조절 능력을 회복할 수 있다. 이는 편도체와 같은 감정 조절 중추의 과활성 상태를 완화하고, 전전두엽의 억제 기능을 회복시키는 뇌의 조율 과정으로 이해할 수 있다. 수면 장애, 만성 스트레스, 중독 문제에 있어서도 뉴로피드백은 뇌의 과잉 각성 상태를 낮추고, 보다 안정적인 뇌파 패턴을 형성하도록 유도한다.

뉴로피드백의 핵심은 뇌가 변화하려는 방향을 스스로 '배우도록' 돕는 데 있다. 단순히 외부에서 강제로 조정하는 것이 아니라, 뇌가 자발적으로 조율과 회복의 능력을 익히도록 유도하는 것이다. 이것이 바로 신경가소성이 실제로 적용되는 방식이며, 자기 변화의 핵심 메커니즘이라 할 수 있다.

오늘날 우리는 신경가소성을 통해 뇌의 변화 가능성을 과학적으로 확인하고 있다. 그리고 뉴로피드백은 그 가능성을 가장 정밀하고 체계적으로 실현할 수 있는 방법 중 하나로 자리 잡고 있다. 뇌는 고정된 기계가 아니다. 배우고, 적응하고, 스스로를 재구성할 수 있는 살아 있는 유기체이다. 그리고 그 변화의 주체는 다름 아닌 '자기 자신'이다.

[PART 2]

치유의 과정 :
뉴로피드백은 어떻해 삶을 변화시키는가?

4장. 뇌가 속삭이는 이야기- 뉴로피드백 임상 사례

1. "가만히 앉아있지 못해요" - ADHD
   집중은 노력만으로 되는 걸까?

2. "학습 도움반에 가요" - 느린학습자
   배움에도 리듬이 필요하다

3. "자기만의 세계에 갇혀 있어요" - 자폐스펙트럼
   타인의 감정을 읽는다는 것

4. "나도 모르게 몸이 움직여요" - 틱장애
   뇌는 어떻게 스스로를 조율하는가?

5. "글씨가 자꾸 움직여요" - 난독증
   글을 읽는 것은 뇌의 춤이다

6. "무기력하고 아무것도 하기 싫어요" - 우울증
   감정은 뇌의 리듬 속에서 살아난다

7. "하루 종일 게임 생각만 나요" - 게임중독
   현실과 가상의 경계를 넘어서

8. "밤에 잠이 안와서 괴로워요" - 불면증
   수면은 뇌의 회복 시간이다

9. "마음 속 깊은 상처가 있어요" - PTSD
   기억 속에서 자유로워지기

10. "항상 긴장되고 불안해요" - 불안장애
    뇌가 편안함을 배울 수 있을까?

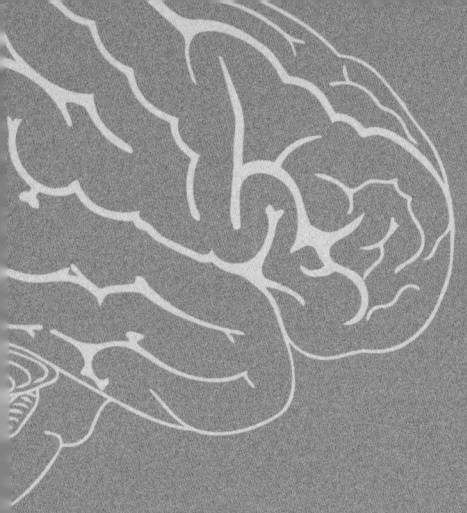

| 4장 |
뇌가 속삭이는 이야기

뉴로하모니와 함께한 변화의 순간

뇌는 늘 조용히 이야기하고 있다. 집중력을 잃었을 때, 감정이 요동치고 잠 못 이루는 밤이 반복될 때, 뇌는 그 모든 순간을 기록하며 자신만의 리듬으로 신호를 보낸다. 하지만 우리는 그 신호를 듣지 못한 채 "피곤하다"거나 "마음이 무겁다"는 말로 그저 일상의 불편함을 설명하곤 한다. 만약 이 신호들을 직접 보고, 이해하며, 조율할 수 있다면 어떨까?

뉴로하모니는 뇌의 리듬을 들여다볼 수 있도록 돕는 창이자, 뇌와 소통할 수 있는 통로이다. 이 장치는 실시간 뇌파 측정과 분석이 가능한 디지털 뉴로피드백 시스템으로, 가정에서도 손쉽게 사용할 수 있도록 설계된 휴대형 뇌파 훈련 기기이다. 뉴로하모니는 뇌의 자가 조절력을 기반으로 훈련을 진행하며, 집중력, 감정 조절, 스트레스 반응 등 다양한 뇌 기능의 균형을 회복하도록 유도한다. 단순히 특정 뇌파를 '강화'하는 데 그치지 않고, 좌우뇌의 조화와 전체적인 뇌 기능의 최적화를 추구한다는 점에서 뉴로하모니의 핵심 가치가 있다.

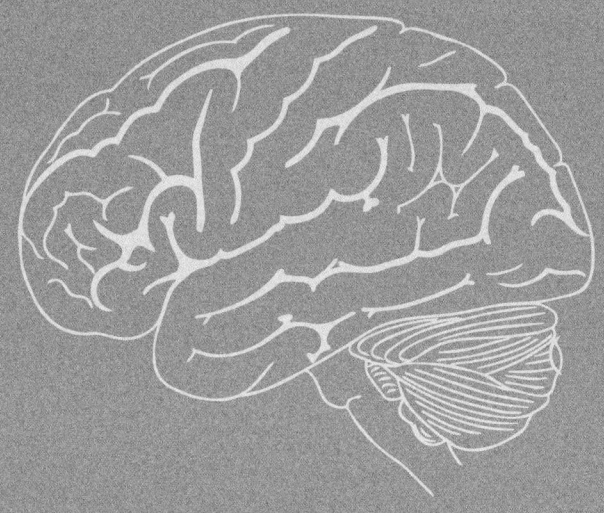

　이 장에서는 뉴로하모니와 함께한 임상 사례들을 소개한다. ADHD, 자폐 스펙트럼 장애, 틱 장애, 스마트폰 중독, 불면증, 우울, 불안, 기억력 저하와 같은 다양한 어려움을 겪고 있는 사람들이 어떻게 뉴로피드백 훈련을 통해 자신의 뇌파 흐름을 이해하고, 변화해 갔는지를 생생하게 보여준다.

　뉴로하모니는 이러한 내면의 조율 과정을 가능하게 만든다. 훈련을 거듭하면서 스스로의 변화에 놀라는 순간이 온다. 이전에는 쉽게 산만해지고, 사소한 자극에도 감정이 흔들리던 사람이 어느새 차분히 앉아 책을 읽고, 누군가의 말에 귀 기울이며, 자기 생각을 정리해 표현할 수 있게 된다. 뉴로하모니와 함께한 시간은 단순한 기계적 훈련이 아닌, 자기 자신과의 깊은 대화이자 회복의 여정이다.

　이번 임상사례를 통해 독자들은 뉴로하모니 뉴로피드백 훈련이 어떤 방식으로 이루어지는지, 일상 속에서 어떻게 적용될 수 있는지, 그리고 그것이 어떻게 뇌의 리듬을 바꾸고 삶을 변화시켜 가는지를 직접 확인할 수 있을 것이다.

뇌는 늘 자기에게 신호를 보내고 있다.
이제는 그 소리에 귀 기울일 때다.
뉴로하모니는 그 변화의 시작이 되어줄 것이다.

사례 1. 가만히 앉아 있지 못해요
ADHD - 주의력결핍 과잉행동장애

집중은 노력만으로 되는 걸까?

아이에게 "조금만 더 집중해봐!" 라고 말해본 적이 있는가? 하지만 그 말을 듣는 아이는 마치 눈앞에 보이지 않는 벽이 있는 것처럼, 아무리 애를 써도 집중이 되지 않는다. 책상 앞에 앉아보지만, 얼마 지나지 않아 연필을 굴리거나 창밖을 바라보며 다른 생각에 빠지고 만다. 선생님의 설명을 듣고 있어도 머릿속에서는 전혀 다른 장면이 펼쳐지고, 숙제를 앞에 두고도 손을 움직이기까지 너무 많은 시간이 걸린다. 주변의 작은 소음도 쉽게 산만함을 유발하고, 잠시 가만히 있는 것조차 어렵다.

이 모든 것이 단순히 노력만으로 해결될 수 있을까? 집중이 의지의 문제가 아니라면, 도대체 무엇이 영향을 미치는 걸까? 뇌파를 살펴보면 그 답이 보인다. 주의력이 좋은 사람들은 베타파가 활발하게 작동하며 집중력을 유지하지만, 주의력결핍 과잉행동장애(ADHD)를 가진 아이들은 세타파가 과도하게 활성화되어 있다. 세타파는 창의적 사고나 공상을 할 때 유용하지만, 과도할 경우 현실적인 과제에 집중하는 데 큰 어려움을 준다. 결국, ADHD 아이들이 아무리 애를 써도 집중하기 어려운 것은 뇌파의 작용에 따른 자연스러운 현상인 것이다.

뉴로피드백 훈련을 통해 ADHD 아이들은 점차 집중의 리듬을 익히고, 보다 효과적으로 주의를 조절하는 법을 배워나갈 수 있다.

주의력결핍 과잉행동장애(ADHD, Attention Deficit Hyperactivity Disorder)는 주의력, 과잉행동, 충동 조절에 어려움을 보이는 대표적인 신경발달장애이다. 이 장애는 학업, 직장, 가정 등 다양한 생활 영역에서의 적응에 문제를 일으키며, 증상은 주로 세 가지 범주로 나뉜다.

첫째, 주의력 결핍이다. 과제에 집중하는 능력이 떨어지고, 주의가 쉽게 산만해지며 세부 사항을 자주 놓친다. 이로 인해 학업이나 업무에서 실수가 잦아지고, 과제를 끝까지 완수하지 못하는 일이 반복된다.

둘째, 과잉행동이다. 끊임없이 몸을 움직이거나 자리에 가만히 있지 못하며, 상황에 맞지 않는 과도한 움직임을 보인다. 이러한 행동은 특히 교실이나 직장과 같은 정적인 환경에서 문제로 드러날 수 있다.

셋째, 충동성이다. 말이나 행동을 조절하지 못하고 즉각적으로 반응하며, 타인의 대화를 끊거나 차례를 기다리지 못하는 행동으로 이어지기도 한다. 이로 인해 또래 관계에서 갈등이 발생하거나 사회적 오해를 받는 경우도 많다.

ADHD는 단순한 성격 문제가 아니라 뇌의 발달과 기능 조절의 어려움에서 비롯 된다는 점에서, 정확한 이해와 접근이 필요하다.

2001년 Clarke의 ADHD 연구에 따르면, 뇌파 패턴을 기반으로 ADHD 환자를 세 가지 주요 유형으로 구분할 수 있다. 각 유형은 느린 뇌파와 빠른 뇌파의 비율에 따라 달라지며, 이는 ADHD 증상에 직접적인 영향을 미친다.

1.발달 지연형 : 이 유형은 느린 뇌파(세타파 또는 델타파)가 증가하고 빠른 뇌파 (베타파)가 감소하는 것이 특징이다. 이 유형은 주로 뇌 발달이 지연된 사람에게 나타나며, 이러한 뇌파 불균형은 집중력 저하와 관련이 있다.

2.각성 저하형 : 세타파가 증가하고 베타파가 감소하는 패턴을 보이며, 이는 뇌의 각성 수준이 낮은 상태를 의미한다. 이러한 유형의 사람들은 주로 주의력이 부족하고, 작업에 집중하기 어려운 특징을 보인다.

3.각성 고조형 : 베타파가 과도하게 활성화되는 유형으로, 이는 과잉 행동과 과도한 각성 상태와 관련이 있다. 이 유형의 사람은 충동적이거나 과잉 행동을 보일 가능성이 높다.

사례 1-1
[발달지연형 ADHD]

　초등학교 2학년에 재학 중인 남자 아동 OO는 발달지연형 ADHD 진단을 받았으며, 웩슬러 지능검사 결과 지능이 경계선 수준으로 평가되었다. 현재 학습도움반에서 지도를 받고 있으나, 주의력 결핍과 행동 조절의 어려움이 두드러지게 나타나고 있다.

　수업 시간 동안 OO는 집중력을 유지하기 어려워하며, 과제나 활동을 끝까지 마무리하는 데 어려움을 겪는다. 작은 자극에도 쉽게 산만해져 교사의 지시를 따르기 어려워하고, 새로운 정보를 처리하고 기억하는 속도가 느린 편이다. 긴장 상태에서는 특정 행동을 반복하거나 멍한 모습을 보이며, 학습 상황에서 쉽게 지쳐 무기력한 태도를 보이기도 한다.

　또래와의 관계에서도 어려움을 겪고 있다. 친구들과 놀이할 때 자신의 차례를 기다리지 못하거나 규칙을 지키지 않아 갈등이 자주 발생하며, 감정 조절이 미숙해 좌절감을 느낄 때 화를 내거나 충동적으로 행동하는 경우가 많다. 불안한 상황에서는 더욱 예민해지며, 스트레스를 받을 때 감정을 쉽게 폭발시키는 경향이 있다. 짜증을 내거나 울음을 터뜨리는 일이 잦고, 학습 실패 경험이 쌓이면서 자신감이 점점 낮아지고 있다. 부정적인 감정에 사로잡히면 스스로를 통제하기 어려운 모습을 보이며, 이에 대한 적절한 개입과 지원이 필요한 상황이다.

발달지연형 ADHD 훈련 전 검사 결과가 어떤가요?

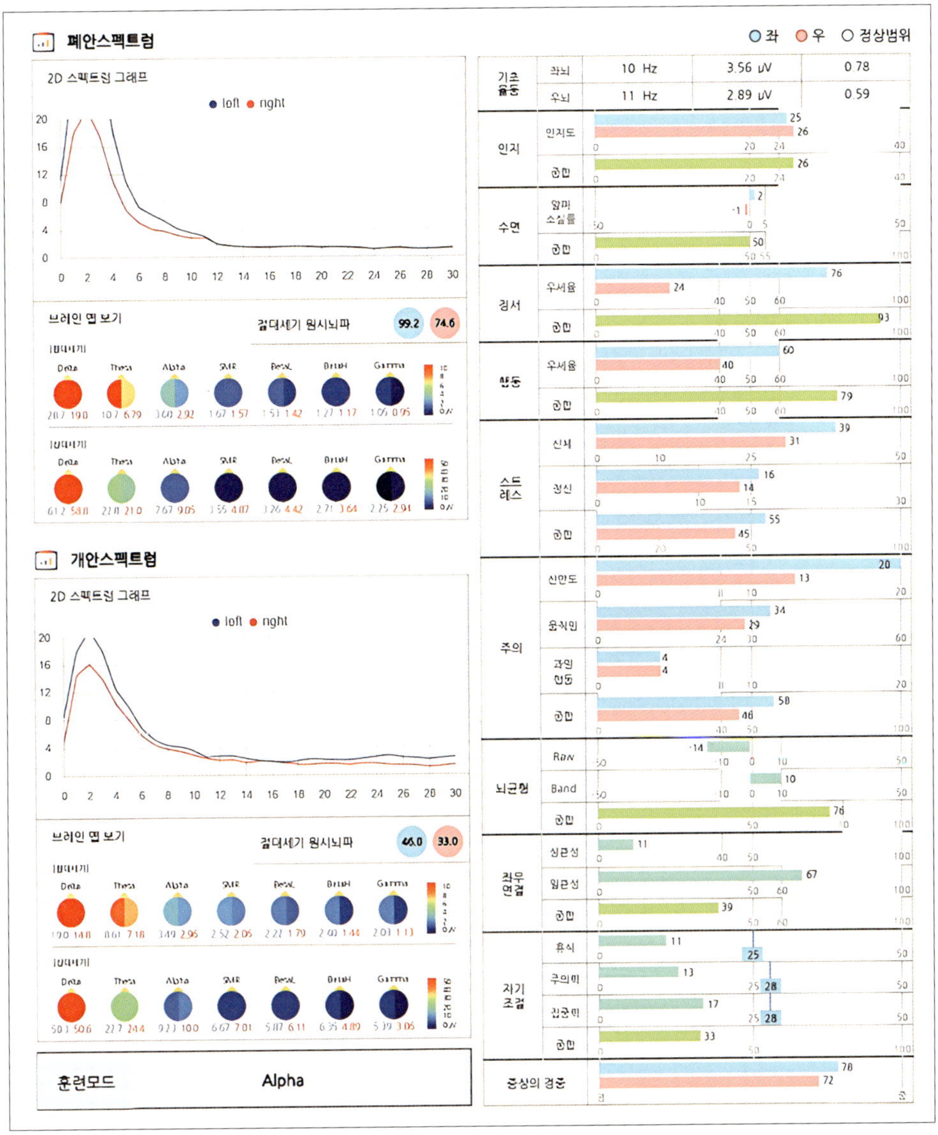

뉴로하모니 BQ2 뇌기능검사지

4장. 뇌가 속삭이는 이야기 | PART 2

발달지연형 ADHD 아동은 주의력 결핍, 인지 발달 지연, 감정 조절의 어려움을 보이는 특징이 있으며, 이러한 요소를 임상적으로 분석할 수 있다. 훈련 모드는 주의력 향상에 중점을 두고 있으며, 세타파를 억제하고 베타파를 활성화하는 방식으로 구성된다. 이를 통해 주의력과 인지 발달을 촉진하고, 감정 조절을 돕는 방향으로 설정된다.

BQ2 검사 결과, 훈련 모드는 알파파(휴식)로 설정되었으나, 여러 연구에 따르면 서파(느린 파형)가 강한 ADHD 아동의 경우 주의력 훈련 모드로 전환하여 느린 서파를 억제하고 SMR파를 활성화하는 것이 효과적이다. Monastra 등(2002)의 연구에서도 뉴로피드백 훈련이 ADHD 아동의 주의력과 충동성을 개선하는데 효과적이라는 결과가 제시된 바 있다.

뇌기능검사 결과에서 주의 깊게 살펴봐야 할 부분은 기초율동지수이다. 좌뇌에서 10Hz, 우뇌에서 11Hz가 측정되었으나, 이는 강한 서파의 진동으로 인해 나타난 값으로 신뢰도가 낮을 수 있다. 또한, 웩슬러 지능검사에서는 지능이 60으로 평가되었으며, 현재 학습도움반에서 교육을 받고 있다.

이 아동은 ADHD 약물을 2년 이상 복용한 상태에서 검사를 진행하였으므로, 사전 정보를 고려하여 결과를 분석해야 한다. 수면의 질이 좋지 않으며, 주의지수에서도 산만함이 높게 나타났다. 또한, 좌우연결지수가 낮게 측정되어 외부 정보 입력에 어려움을 겪는 것으로 보인다. 이는 좌우 뇌파의 균형이 맞지 않아 발생할 수 있으며, 정보 처리 속도와 감정 조절 능력에도 영향을 미칠 가능성이 크다. 따라서 뉴로피드백 훈련을 통해 서파를 안정시키고, 좌뇌와 우뇌의 균형을 조절하는 접근이 필요하다.

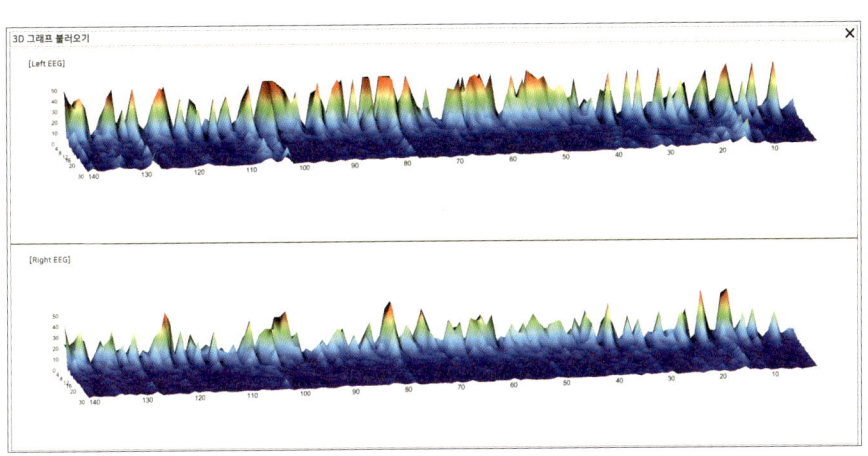

발달지연형 ADHD 뉴로스펙 3D 뇌파

    뉴로하모니 뇌파 측정기를 사용한 FFT(Fast Fourier Transform, 고속 푸리에 변환)뇌파 분석 결과, 느린 뇌파인 델타파와 세타파의 좌우뇌 균형이 맞지 않음을 확인할 수 있다. 동시에 베타파의 전압이 낮게 나타나 전반적인 각성 상태가 부족한 것으로 분석된다. 서파(델타 및 세타파)의 좌우 불균형은 외부 정보의 입력과 출력 과정에서 장애를 초래할 수 있으며, 이는 학습과 주의력 조절에 부정적인 영향을 미칠 가능성이 크다.

    또한, 눈을 감았을 때 감각 정보가 차단되어야 하지만, 개폐안 조절이 원활하지 않은 모습이 관찰되었다. 이는 뇌의 이완과 감각 차단 기능이 정상적으로 작동하지 않음을 나타내며, 전반적인 신경 조절 기능의 저하로 인해 불안정한 상태가 지속될 수 있음을 의미한다.

HTP 그림검사 집

HTP 그림검사 사람

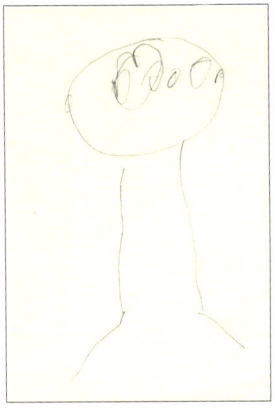

HTP 그림검사 나무

발달지연형 ADHD를 가진 아동의 경우, HTP 그림검사(House-Tree-Person Test)에서 유아적 형태의 그림을 보이는 경향이 있으며, 이는 아동의 인지적 발달 수준과 밀접한 관련이 있다. HTP 검사는 아동의 정서적 및 인지적 발달 상태를 평가하는 투사 도구로, 아동의 심리적 상태와 발달 단계를 파악하는 데 활용된다.

특히 발달지연형 ADHD 아동은 세부 표현이 부족하고 공간 구성이 단순한 그림을 그리는 경우가 많으며, 시각적·공간적 인지 능력과 실행 기능의 미성숙함을 반영 할 수 있다. 또한 그림 속 인물의 크기가 작거나 표정이 없고 단순한 형태로 표현되는 경우에는 자아 강도가 약하거나, 또래와의 관계 형성에서 어려움을 겪고 있음으로 보여진다.

Q 　　　발달지연형 ADHD 검사 후 어떤 훈련 방법으로 진행되나요?

　발달지연형 ADHD를 가진 아동의 뉴로피드백 훈련은 개별적인 뇌파 패턴과 발달 상태를 고려하여 체계적으로 설계되어야 한다. 이 유형의 ADHD는 단순한 주의력 부족을 넘어 인지 발달의 지연을 동반하기 때문에, 뉴로피드백 훈련은 뇌 기능의 균형을 조절하고 주의력 및 학습 능력을 향상시키는 데 중점을 두어야 한다.

　훈련 과정의 주요 목표는 서파(델타파 및 세타파)의 과도한 활성화를 억제하고, SMR(감각운동 리듬) 및 베타파의 적절한 활성화를 유도하는 것이다. SMR은 자기 조절 능력을 향상시키고 주의력을 유지하는 데 도움을 주기 때문에, 발달지연형ADHD 아동에게 특히 중요한 요소이다. 또한 인지적 각성과 작업 기억 능력을 강화하기 위해 베타파의 안정화를 유도하며, 필요에 따라 알파파를 활용해 정서적 안정감을 높이는 접근이 병행될 수 있다.

　훈련 빈도는 주 2~3회로 시작하며, 최소 12개월 이상 꾸준히 진행하는 것이 바람직하다. 발달지연형 ADHD 아동은 신경망의 활성화 속도가 상대적으로 느릴 수 있기 때문에, 단기적인 변화보다는 장기적인 변화를 목표로 설정하는 것이 효과적이다. 따라서 뉴로피드백 훈련과 함께 학습 및 정서 발달을 촉진할 수 있는 병행 프로그램을 병합하는 것이 중요하다.

　발달지연형 ADHD 아동에게 실제로 적용한 뉴로하모니 뉴로피드백 훈련은 다음과 같은 절차로 진행되었다. 먼저, 호흡 훈련을 통해 뇌에 충분한 산소를 공급하는 방법을 교육하였다.

아동에게 호흡의 중요성을 이해시키기 위해 "우리 몸은 자동차와 같아서, 산소라는 연료가 있어야 잘 움직일 수 있어."라는 친숙한 비유를 활용하였다. 훈련 과정에서는 숨을 들이쉴 때 배가 부풀고, 내쉴 때 어깨가 자연스럽게 내려가는 등의 신체 반응을 직접 인식하도록 지도하여, 아이들이 그 변화를 몸으로 체감할 수 있도록 돕는다. 이러한 경험은 아이들이 스스로 긴장을 푸는 방법을 익히게 하며, 뇌가 보다 안정된 상태로 전환되는 데 효과적인 기반이 된다.

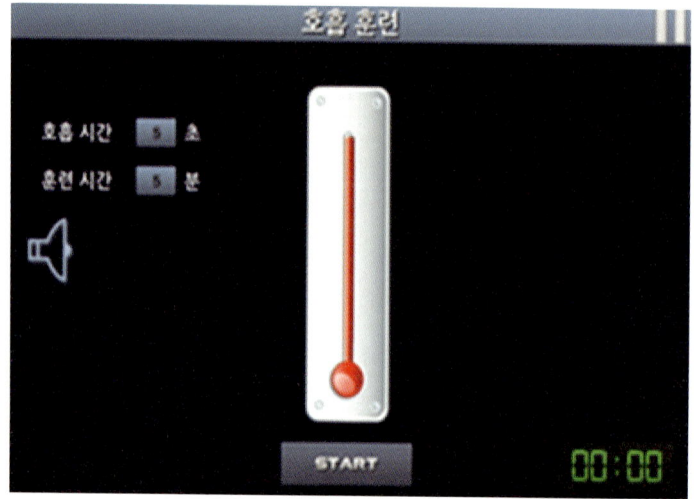

뉴로하모니 호흡훈련

호흡 훈련 화면에는 온도계처럼 생긴 그림이 나타나며, 그 안의 빨간 기둥이 위아래로 움직인다. 아이는 화면 아래쪽에 둥글게 모여 있는 부분을 자신의 아랫배라고 상상하도록 유도된다. 빨간 기둥이 위로 올라갈 때 숨을 들이마시고, 아래로 내려갈 때는 숨을 내쉰다. 이 기둥의 움직임을 자신의 몸속에서 그대로 일어나는 현상이라고 상상하며 호흡하면, 훈련의 효과를 더 빠르게 체감할 수 있다.

뉴로하모니 뉴로피드백 브레인헬스 프로그램

　브레인헬스 훈련을 진행할 때는 아동의 성취를 즉각적으로 강화하는 것이 주의력을 유지하는 데 매우 효과적이다. 점수가 잘 나왔을 때는 칭찬과 격려를 통해 작은 성공도 인정하고, 이를 통해 자신감을 심어주는 것이 중요하다. 이러한 긍정적 강화를 통해 아동은 훈련에 대한 흥미를 지속하고, 학습에 대한 동기를 높일 수 있다. 특히 주의력이 떨어지는 아동의 경우, 즉각적인 보상 체계를 활용하여 훈련 과정에서 성취감을 경험하도록 돕는 것이 필수적이다.

　훈련 과정에서는 6개월간 서파를 감소시키고 베타파를 안정화하는 데 중점을 두며, '행성 맞추기' 프로그램을 활용하여 측두엽의 해마를 활성화시키는 것이 효과적이다. 이를 통해 단기 기억력이 향상되며, 학습 능력도 보다 체계적으로 강화될 수 있다. 훈련을 꾸준히 이어가면 주의력과 기억력이 점진적으로 향상되고, 전반적인 뇌 기능이 보다 균형 있게 조절될 수 있다.

6개월 후 모든 서파가 안정되자, 브레인헬스의 뇌 이완 및 집중력 훈련을 4분으로 설정하여 실시한 뒤, 신경인지 기능 강화를 위한 코그 훈련(Cog Training)을 진행하였다. 뉴로하모니의 신경인지 훈련 기능에는 SCP(Slow Cortical Potential) 프로토콜이 포함되어 있어, 서파를 자동으로 억제하고 작업 기억 향상에 기여하였다.

코그 훈련 중 D2 주의력 훈련 프로그램은 아동의 주의력과 집중력을 점차 향상시켰으며, 이에 따라 학습 성과 또한 눈에 띄게 개선되었다.

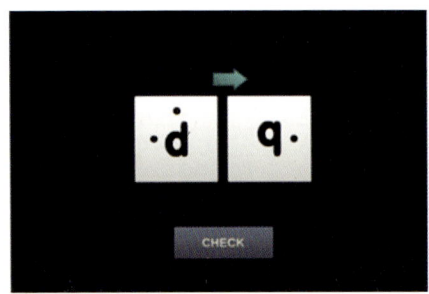 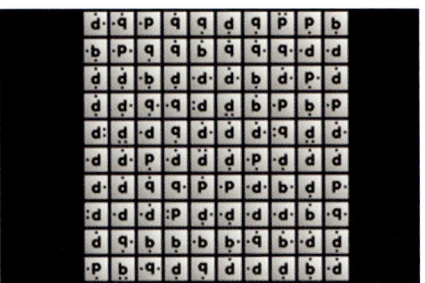

1단계 　　　　　　　　　　　2단계

D2-1단계는 방향성 주의력 훈련으로, 특정 자극에 선택적으로 집중하는 능력을 강화하며 반응 속도와 정확성을 함께 향상시킨다.

D2-2단계는 선택형 주의력 훈련으로, 다양한 자극이 혼재된 상황에서 특정한 요소를 찾아내는 훈련이다. 이 과정을 통해 시각적으로 주어진 정보를 빠르게 선별하고 처리하는 능력이 향상된다.

N-back 훈련은 작업 기억력 훈련의 대표적인 방법 중 하나로, 정보를 일시적으로 저장하고 조작하는 능력을 강화하는데 초점을 둔다. 이는 학습, 문제 해결, 의사 결정 등 일상생활의 다양한 인지 활동에서 중요한 역할을 한다.

Q 발달지연형 ADHD 훈련 후 어떠한 변화가 있었나요?

　발달지연형 ADHD 아동은 뉴로피드백 훈련을 통해 다양한 긍정적인 변화를 경험하게 된다. 훈련을 지속하면서 뇌파에서 서파(델타파, 세타파)의 과활성이 감소하고, 주의력과 실행 기능을 담당하는 SMR파와 베타파가 안정화되면서 인지적·정서적·행동적인 향상이 나타났다.

　가장 두드러진 변화는 주의력과 학습 능력의 향상이다. 훈련 전에는 수업 중 쉽게 산만해지고, 교사의 지시를 듣고도 과제를 끝까지 수행하지 못하는 경우가 많았으나, 점차 주의 집중 시간이 증가하면서 과제를 완수하는 능력이 향상되었다. 또한, 기억력과 사고력이 발달하면서 학습 속도가 빨라지고, 새로운 개념을 이해히는 데 걸리는 시간이 줄어들었다.

　감정 조절 능력도 크게 개선되었다. 이전에는 좌절감이 쉽게 쌓이고 감정을 조절하지 못해 갑자기 화를 내거나 울음을 터뜨리는 일이 많았지만, 훈련이 진행되면서 점차 정서적 안정을 찾게 되었고, 스트레스 상황에서도 차분하게 반응할 수 있게 되었다.

　사회적 변화도 눈에 띄게 나타났다. 과거에는 친구들과 원활한 상호작용을 하지 못하고 혼자 노는 경우가 많았지만, 훈련이 진행될수록 또래의 말에 귀 기울이고 반응하며 놀이에 참여하는 모습이 증가했다. 또한, 대화의 흐름을 이해하고 적절한 타이밍에 반응하는 능력이 향상되었으며, 자기중심적인 사고에서 벗어나 타인의 감정을 인식하고 배려하는 행동도 점차 늘어났다.

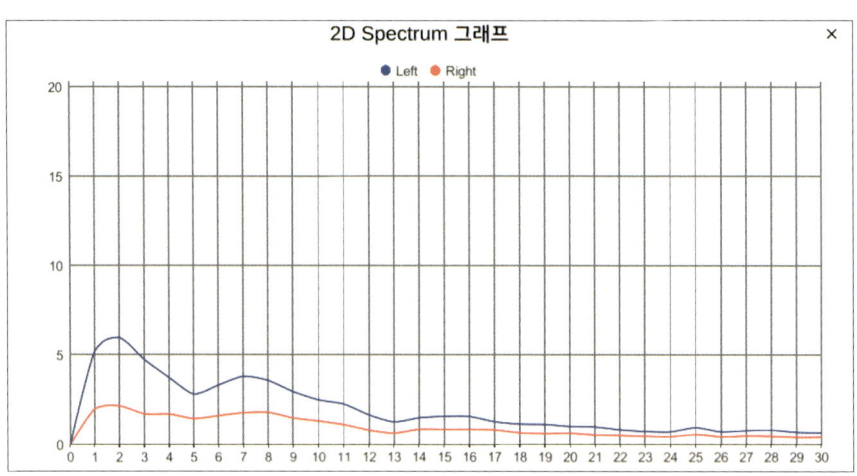

발달지연형 ADHD아동의 폐안 시 기초율동 그래프

* 가로 방향인 X축은 주파수를, 세로 방향의 Y축은 뇌파세기를 나타낸다.
* 기초율동이란 뇌의 발달과 기능 성숙도를 반영하는 중요한 지표로, 연령에 따른 뇌파 변화를 파악하면 발달 상태나 이상 유무를 보다 정확히 진단할 수 있다.

12개월간의 훈련 후 폐안 상태에서 측정한 기초율동 뇌파를 분석한 결과, 좌뇌에서 7Hz의 피크점이 확인되었다. 이는 1초에 약 7번의 정보를 처리하는 속도로 해석될 수 있다. 기초율동은 연령에 적합한 주파수 범위에서 강하고 연속적으로 나타나는 것이 이상적이다.

그러나 주파수가 연령 기준보다 낮게 형성될 경우, 뇌의 정보 처리 속도가 저하되어 있음을 나타내며, 발달 지연, 노화, 혹은 만성적인 피로 상태와 연관될 수 있다. 한편, 폐안 시 서파가 감소하는 현상은 뇌의 안정성과 발달 측면에서 긍정적인 변화로 해석할 수 있다.

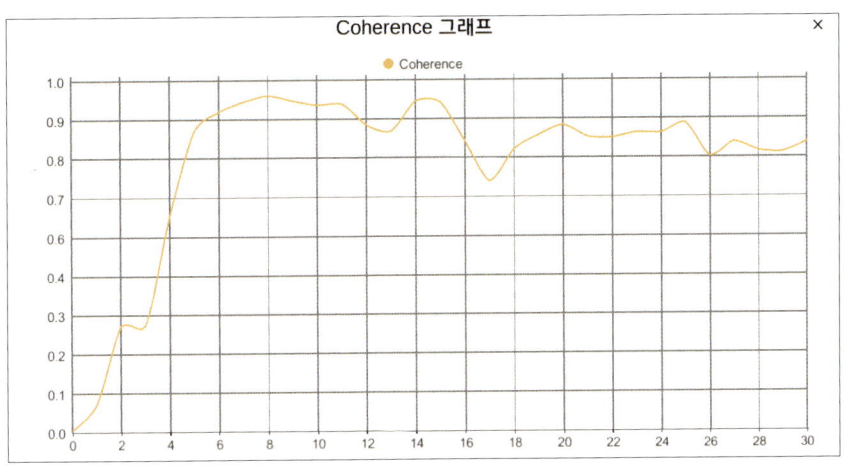

발달지연형 ADHD 아동의 폐안 코히어런스 그래프

　Coherence(뇌파 동기화 지수) 값이 0에 가까운 경우, 이는 두 뇌 영역 간의 연결성이 부족하여 각기 독립적으로 작동하고 있음을 뜻한다. 이러한 상태는 인지 기능이 떨어졌거나, 특정 뇌 영역의 활성도가 낮을 때 자주 관찰된다.

　반면, Coherence 값이 1에 가까워질수록 두 영역의 활동이 조화를 이루며 정보를 더욱 효율적으로 처리하게 되며, 이와 함께 주의력과 기억력도 향상되는 경향을 보인다.

　훈련 12개월 후, Coherence 값은 점진적으로 상승하였고, 좌우뇌 간의 기능적 균형이 점차 안정되는 변화를 확인할 수 있었다. 특히 전두엽과 감각·운동 영역 간의 연결성이 강화되면서, 인지 기능과 정서 조절 능력 또한 함께 회복되고 있는 것으로 해석된다.

사례 1-2
[각성저하형 ADHD]

중학교 2학년에 재학 중인 남자 아동 OO는 활동성이 낮고, 주의력과 집중력 유지에 어려움을 겪고 있다. 무기력하고 반응이 둔하며 자주 피로를 느껴 학업 수행 속도가 느린 편이다.

특히 게임에 지나치게 몰입하는 경향이 있다. 학교가 끝나면 학업이나 다른 활동 대신 대부분의 시간을 게임에 할애하며, 게임 중에는 높은 집중력을 보이지만 현실에서는 활력을 잃고 쉽게 지루함을 느낀다. 게임을 하지 않을 때는 멍하게 시간을 보내거나 주변 자극에 대한 반응이 느려지는 모습이 두드러진다.

수업 중에도 집중력을 유지하기 어려워 과제 수행이 지연되고, 교사의 지시를 이해하거나 따라가는 속도가 느리다. 오전 시간에는 졸음을 참지 못해 수업 참여도가 낮은 경우가 많다. 이러한 무기력한 상태는 가정에서도 이어지며, 게임 외의 활동에는 거의 흥미를 보이지 않는다. 친구들과의 관계도 원활하지 않아 주로 온라인 게임을 통해 만난 또래들과 교류하는 모습을 보인다.

게임을 할 때 순간적인 각성은 이루어지지만, 게임이 끝나면 다시 무기력해지고 감정 기복이 심해 짜증을 내는 경향이 있다. 부모는 OO의 게임 의존도가 높아지는 것을 우려하며, 게임을 하지 않을 때 학습 동기가 부족하고 감정이 불안정해지는 모습을 지적하고 있다. 현재 OO는 게임 외 활동에 대한 흥미를 거의 잃은 채 학업과 사회적 관계에서 점점 소외되는 상태이다.

ADD(주의력결핍 장애)와 각성저하형 ADHD는 공통적으로 주의력 문제를 겪지만, 행동 양상과 뇌파 패턴에서 뚜렷한 차이를 보인다.

ADD는 과잉행동이나 충동성이 거의 나타나지 않아 외견상 차분해 보이지만, 실제로는 주의 집중을 유지하기 어렵고 자주 멍해지거나 공상에 빠지는 경향이 있다. 활동성은 정상 범위 내에 있으나, 집중을 요구하는 상황에서는 문제를 드러낸다.

각성저하형 ADHD는 ADD와 마찬가지로 과잉행동은 없으나, 전반적으로 무기력하고 에너지 수준이 낮으며 빈번한 피로감을 호소한다. 이로 인해 학습 능력 저하와 인지적 둔화가 더욱 두드러지게 나타난다.

뇌파 활동에서도 차이가 관찰된다. ADD는 세타파의 과활성이 베타파에 비해 상대적으로 높게 나타나며, 이로 인해 주의력 저하 현상이 심화된다. 반면 각성저하형 ADHD는 세타파가 과도하게 증가하는 동시에 베타파가 현저히 낮아, 인지적 피로와 집중력 부족이 더욱 악화되는 양상을 보인다.

두 유형의 핵심 차이점은 에너지 수준과 학습 수행력에 있다. ADD는 주로 주의력 결핍과 집중력 저하가 주요 문제인 반면, 각성저하형 ADHD는 여기에 더해 전반적인 무기력과 에너지 부족이 동반된다. 또한 각성저하형 ADHD의 경우, 평소에는 과격한 행동을 보이지 않지만 내적 스트레스나 좌절감이 누적될 때 충동적이거나 공격적인 반응을 보이는 경우가 있다. 이는 주로 감정 조절 능력의 부족에서 기인하는 현상이다.

사례 1-3
[각성고조형 ADHD]

    초등학교 3학년에 재학 중인 남학생 OO는 과도한 뇌의 각성 상태로 인해 높은 긴장감을 유지하며 특정 행동 패턴을 보인다. 새로운 환경에 노출되면 손에 땀이 맺히고 주변을 자주 살피며, 작은 움직임에도 즉각적으로 반응해 수업에 집중하기 어렵다. 수업 중에는 선생님의 설명보다 옆 친구에게 말을 걸거나 혼자 중얼거리는 행동이 자주 나타난다.

    또래 관계에서도 어려움을 겪는다. 놀이 중 규칙을 따르지 않거나 불합리하다고 느낄 때 차례를 기다리지 못하고 화를 내며, 친구들이 자신을 무시한다고 생각하는 모습을 보인다. 이러한 인식은 갈등으로 이어지고, 특히 불안하거나 긴장할 때 감정조절이 더욱 어려워진다. 새로운 상황에서는 과도하게 말이 많아지고 손발을 끊임없이 움직이며, 불안이 행동으로 표출되는 모습이 두드러진다.

    정서적 불안정도 심각하다. 공포 영상을 반복 시청하거나 뉴스에서 본 사건이 자신에게 일어날 것이라 여기며 불안해한다. 이러한 과도한 걱정으로 잠을 잘 이루지 못하고, 일상생활에서도 계속 불안감을 호소한다.

    부모는 OO의 주의력과 감정 조절 능력을 향상시키기 위해 뉴로피드백 훈련을 고려하고 있다.

Q

각성고조형 ADHD 검사 결과가 어떤가요?

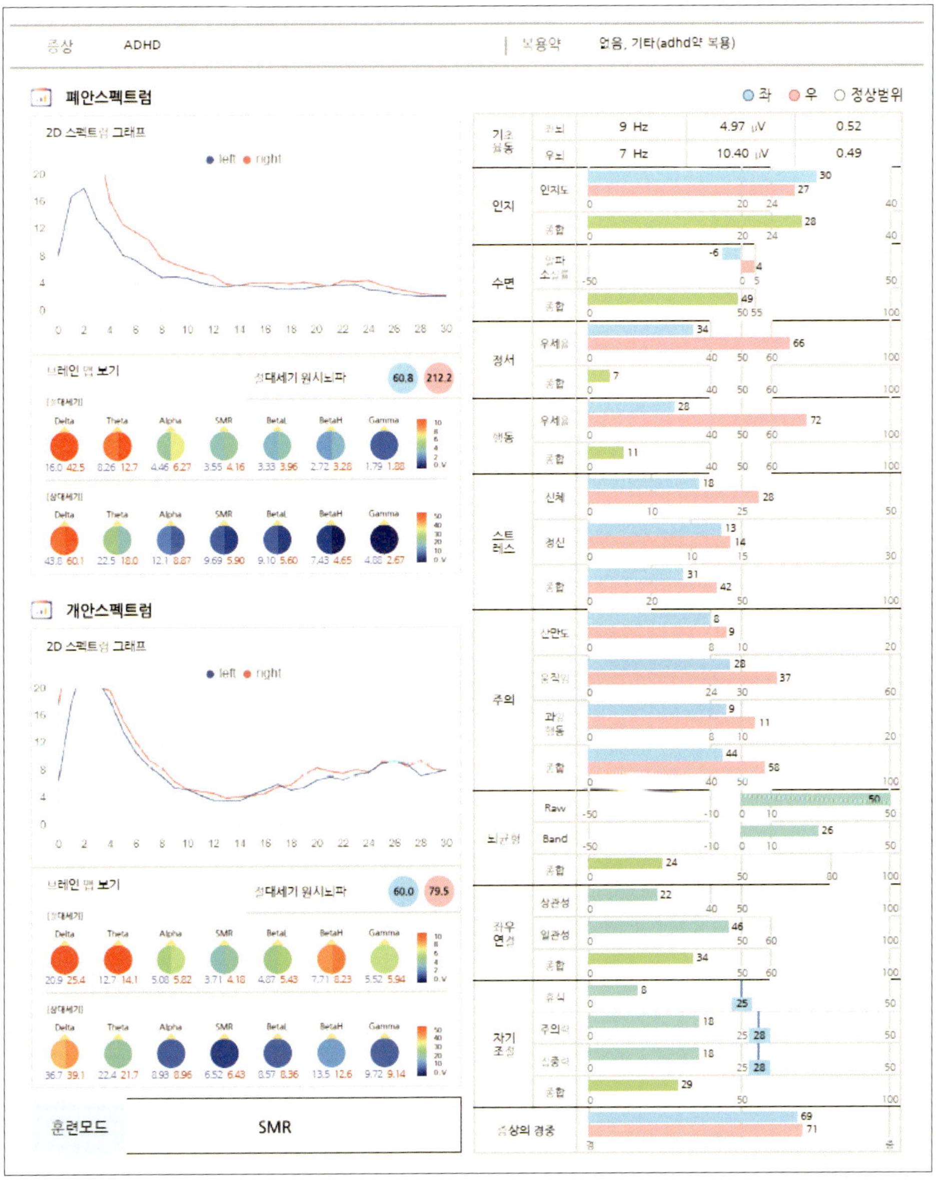

각성고조형 ADHD 뇌기능검사지

우선, 아동이 약물을 복용했는지에 대한 사전 정보가 있어야 검사 결과를 정확하게 판단할 수 있다. 뉴로하모니의 뇌기능검사 BQ2를 통해 해당 아동의 뇌파를 분석하면 주의력, 충동성, 감정 조절 상태를 구체적으로 파악할 수 있다. BQ2는 뇌의 다양한 주파수 대역을 측정하여 주의력 결핍, 과잉 행동, 그리고 감정적 불안정과 같은 문제의 원인을 뇌파 데이터를 통해 명확하게 보여준다.

각성고조형 ADHD를 가진 아동은 베타파의 과도한 활성화가 특징이다. 이는 과도한 각성과 연관되며, 아이가 쉽게 불안해지거나 긴장하는 상태임을 보여준다.

전반적으로 좌우뇌의 불균형은 감정 조절에 어려움을 일으킬 수 있다. 또한, 기초 율동지수, 정서 및 행동지수, 그리고 뇌 균형 상태에서 불균형이 나타나고 있음을 확인할 수 있으며 이는 아동이 정서적 안정감을 유지하고, 감정을 적절히 표현하거나 조절하는 데 있어 문제가 발생할 가능성이 있음을 나타낸다.

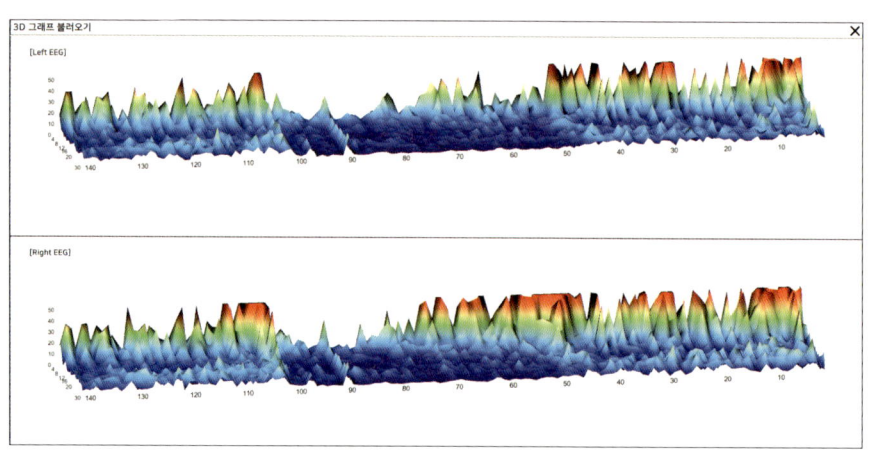

각성고조형 ADHD 뉴로스펙 3D 뇌파

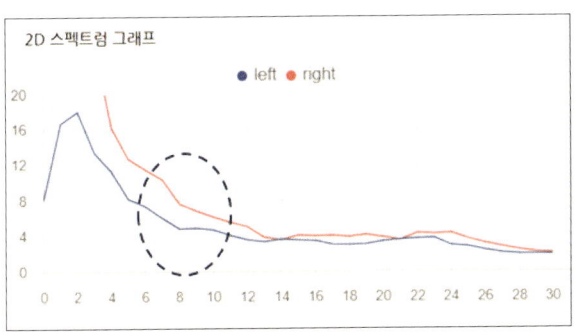

각성고조형 ADHD 폐안 시 2D 스펙트럼 그래프

위 그래프는 각성고조형 ADHD의 눈을 감았을 때 뇌파 활동을 측정한 결과이다. 좌뇌는 9Hz, 우뇌는 7Hz를 나타내며, 우뇌의 전압이 더 높은 상태로 좌우 뇌의 불균형이 보인다. 좌뇌는 연령 표준에 맞는 9Hz로 나타나며, 언어 및 학습적인 인지 능력이 학령기에 맞게 발달되어 있다. 반면, 우뇌는 연령에 비해 낮은 주파수를 보여 감정 교류에 어려움을 겪고 있다. 이러한 문제를 해결하기 위해 놀이치료를 병행하고 있다.

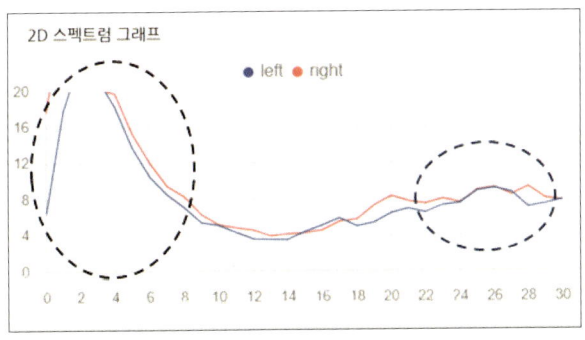

각성고조형 ADHD 개안 시 2D 스펙트럼 그래프

위 그래프는 각성고조형 ADHD 아동이 눈을 뜬 상태에서 서파와 베타파 전압이 모두 매우 높게 나타나는 과활성 패턴을 보여준다. 이는 시각 정보를 불안이나 초조함으로 인식한 결과로, 과도한 언어 사용이나 과잉 행동이 나타날 수 있는 상태를 반영한다. 특히 뇌파 측정 중에는 움직임이 없었음에도 불구하고, 측정 후 손에 땀이 날 정도로 신체적 긴장이 높게 나타났다.

이러한 뇌파 패턴은 신경계가 과도하게 각성된 상태임을 의미하며, 감정적 불안과 신체적 긴장을 유발하는 요인이 될 수 있다.

> 각성고조형 ADHD 검사 후 어떤 훈련 방법으로 진행되나요?

훈련을 시작하기 전, 아동이 마음을 가라앉히고 차분한 상태를 유지할 수 있도록 먼저 호흡 훈련을 실시한다. 이어서 아동의 일상생활이나 심리 상태를 간단히 확인한 뒤, 뇌파 측정을 진행한다. 뇌파 분석을 통해 현재 자신의 상태를 인식하도록 도운 후, 본격적인 브레인헬스 훈련을 시작한다.

초기에는 10분간 뇌 이완 훈련을 실시하여 아동의 심신을 안정시키고, 외부 자극을 받아들일 준비를 돕는다. 만약 아동의 긴장도나 불안 수준이 높을 경우, 이완 훈련 점수가 낮게 나타날 수 있으므로 SMR파 소리에 집중하도록 유도하며, 훈련을 편안하 게 임할 수 있도록 지속적으로 격려하는 것이 중요하다. 점수가 낮게 나올 경우, 좌절하지 않도록 다시 도전할 수 있는 분위기를 조성한다.

특히 ADHD 아동의 경우, 장시간 자리에 앉아 있는 것이 어려울 수 있으므로 작은 성취에도 칭찬과 격려를 아끼지 않아야 한다. 집중력 훈련 역시 10분으로 설정하며, 소리에 반응해 즉각 활을 쏘는 방식으로 진행되며, 아동이 훈련에 몰입할 수 있도록 옆에서 지지하고 관찰한다.

훈련 초기에는 호흡 훈련, 뇌 이완 훈련, 집중력 훈련(활 쏘기), 뇌 건강 1단계를 중심으로 구성하고, 점차 기억력, 사고력, 뇌 건강 2단계 훈련까지 순차적으로 확장하여 진행한다.

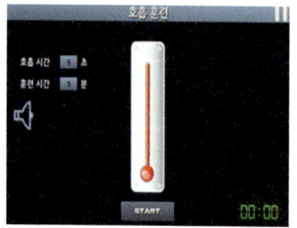

집중력 훈련에서는 자신의 훈련 모드 상태가 얼마나 안정적으로 유지되느냐에 따라 화살이 과녁에 맞는 위치가 달라진다. 훈련이 효과적으로 이루어질수록 화살은 과녁 중심에 가깝게 명중하게 되며, 이는 뇌의 주의 집중력이 향상되고 있음을 보여준다.

하지만 훈련 중 좌우뇌의 균형이 맞지 않을 경우, 활쏘기 훈련이 원활하게 진행되지 않으며, 설정된 시간보다 일찍 종료되는 현상이 나타날 수 있다. 이럴 때는 즉시 훈련을 다시 진행하여 집중력 강화를 위한 효과를 극대화하는 것이 중요하다.

측두엽에 위치한 해마와 편도체를 자극하는 기억력 훈련을 진행할 때, 아동이 과도하게 흥분하거나 좌절감을 느끼는 경우가 있다. 이때 점수가 낮게 나왔더라도 즉각적인 칭찬과 격려를 통해 자신감을 북돋아 주는 것이 중요하며, 훈련을 지속할 수 있도록 정서적인 지지를 제공해야 한다. 또한 뇌건강 2단계 훈련에서 소요 시간이 길어질 경우, 아동이 지루함을 느끼지 않도록 그림 그리기 활동을 병행해 흥미를 유지하도록 돕는것이 효과적이다.

> **Q 각성고조형 ADHD 훈련 후 어떠한 변화가 있었나요?**

  2개월 동안 주 2회 훈련을 진행한 결과, 베타파의 전압이 점차 낮아지기 시작했다. 3개월째에 접어들면서 말수가 줄고, 손에 땀이 나는 증상도 점차 완화되기 시작했다. 불안감이 높은 아동이기 때문에 훈련 전후의 행동 변화나 신체 변화를 주의 깊게 관찰하는 것이 중요하다. 뇌파의 변화는 2개월이 지나면서 서서히 나타났으며, 부모가 그 변화를 인식한 시점은 3개월 이후였다.

  부모 상담은 매달 정기적으로 진행되었고, 아동의 변화를 관찰하는 부모의 역할이 매우 중요함을 지속적으로 안내해야 한다. 부모가 아이의 상태를 꾸준히 관찰하고 그 변화를 이해하는 과정은 훈련의 효과를 극대화하는 데 큰 도움이 된다.

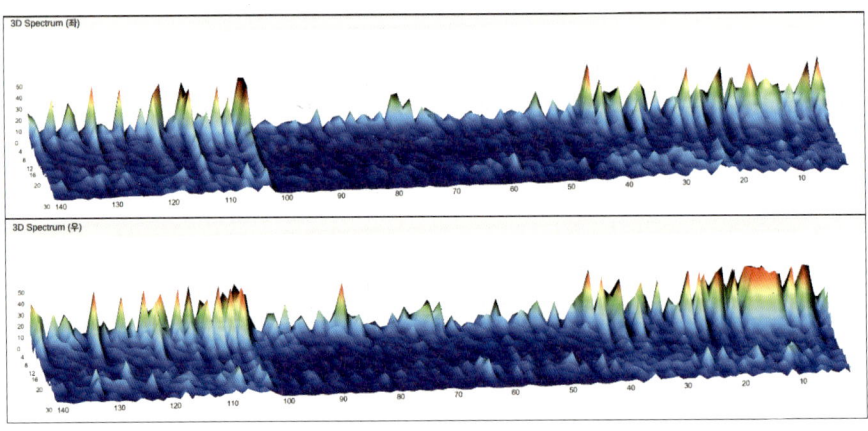

훈련 3개월째 뉴로스펙 3D 뇌파

훈련 8개월째에 접어들면서 우뇌의 베타파 전압이 감소함에 따라 불안감과 긴장도 가 눈에 띄게 줄었으며, 또래 집단과의 상호작용도 한결 원활해졌다. 불필요한 말이 현저히 줄어드는 등 정서적 안정과 자기 조절 능력의 향상도 함께 관찰되었다.

훈련 중 뇌파 변화는 점진적으로 이루어지지만, 일시적으로 호전되었다가 다시 저하 되는 퇴행 현상이 나타날 수 있다. 이는 뉴로피드백 훈련 과정에서 흔히 발생하는 자연스러운 반응으로, 뇌가 새로운 균형 상태를 찾아가는 과정에서 일시적인 변동이 생기는 것이다.

또한 훈련 중 좌우뇌의 균형이 맞지 않을 경우 뇌파 훈련 점수가 일시적으로 낮게 나타날 수 있다. 이러한 변화 역시 훈련 과정의 일부임을 아동에게 미리 설명하는 것이 중요하다. 점수가 낮아지는 시점에서도 훈련을 꾸준히 지속하면 좌우뇌 균형이 서서히 조정되며, 점진적인 개선으로 이어질 수 있다. 아동이 이러한 과정을 이해하고 신뢰 할 수 있도록 안내함으로써, 훈련에 대한 동기를 유지하고 훈련 효과를 극대화할 수 있도록 도와야 한다.

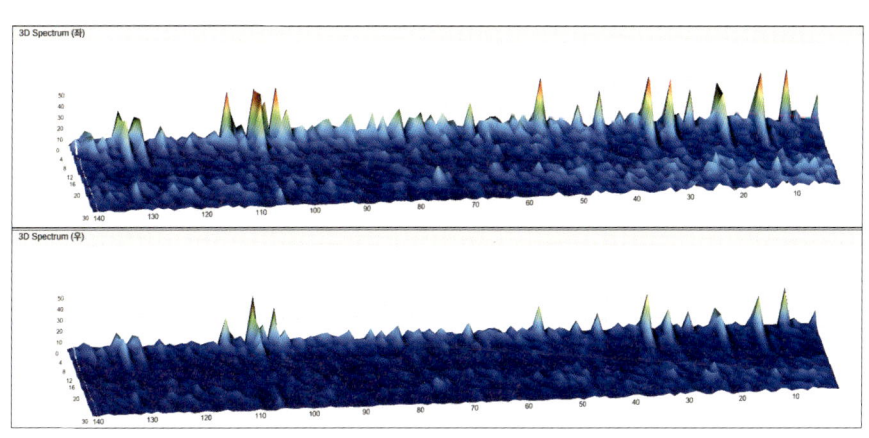

훈련 8개월째 뉴로스펙 3D 뇌파

뉴로피드백 훈련 과정에서는 변화하는 뇌파를 관찰할 수 있을 뿐만 아니라, KHTP(집-나무-사람) 그림 검사를 통해 심리적 변화도 함께 평가할 수 있다. 훈련 초기에 나타났던 불안정하거나 미완성된 형태의 그림은, 훈련이 진행됨에 따라 점차 조직적이고 자신감 있는 표현으로 변화하는 양상을 보였다.

KHTP 그림 검사에서 나타나는 시각적 표현의 변화는 뇌파 데이터와 결합하여, 뉴로피드백 훈련의 효과를 보다 종합적으로 평가하는 데 중요한 자료가 된다. 이를 통해 뉴로피드백이 뇌 기능뿐만 아니라 감정 조절 및 자기 표현 능력에도 긍정적인 영향을 미친다는 점을 확인할 수 있다.

뉴로피드백 훈련 전 그림

뉴로피드백 훈련 이전의 그림에서는, 옆모습으로 그려진 불안정한 의자에 앉아 있는 인물과 옆으로 기울어진 집이 나타났다. 이는 심리적 불안정과 내면의 갈등, 그리고 정서적 안정감의 결여를 반영하는 시각적 표현으로 해석할 수 있다.

뉴로피드백 훈련 중 그림

잎사귀만 남은 나무와 음영이 짙게 칠해진 나무 기둥은 내면의 상처와 정서적 위축을 상징하며, 동물 형태로 표현된 얼굴은 낮은 자존감을 반영한다. 그러나 초기 그림과 비교했을 때 사물의 크기와 표현력이 향상된 모습은 정서적 안정과 감정 표현 능력의 발달을 보여주는 긍정적인 변화로 해석된다.

뉴로피드백 훈련 후 그림

풍성하게 표현된 수관, 안정적인 기저선, 집의 창문과 문이 전체 구도에 맞춰 조화롭게 그려진 점은 내면의 안정감뿐 아니라 타인과의 소통이 점차 원만해지고 있음을 보여준다. 이러한 변화는 심리적 안정과 더불어 대인 관계의 개선을 반영하는 긍정적인 신호로 해석된다.

사례 2. 학습 도움반에 가요
느린 학습자

배움에도 리듬이 필요하다

어떤 아이들은 한 번 들은 것도 쉽게 이해하지만, 어떤 아이들에게 학습은 마치 맞지 않는 퍼즐 조각을 억지로 끼워 맞추는 것처럼 느껴진다. 글자를 읽어도 문장이 자연스럽게 이어지지 않고, 수업 내용을 기억하려 해도 금세 사라진다. 문제를 풀다가도 어디에서 막혔는지조차 알지 못한 채 멍해지곤 한다.

이런 아이들은 '느린학습자'라고 불리지만, '느리다'는 것이 '배우지 못한다'는 뜻은 아니다. 그들의 뇌는 정보를 받아들이는 방식이 다를 뿐이며, 배움의 리듬을 찾는 데 조금 더 시간이 필요할 뿐이다. 빠른 템포의 곡을 따라가기 어려운 아이들에게 중요한 것은 더 많이, 더 빨리 반복하는 것이 아니라, 자신에게 맞는 속도를 찾고 학습의 흐름을 조율하는 것이다.

느린학습자의 뇌파를 살펴보면 서파(델타파 및 세타파)가 과활성되어 있고, 베타파가 부족한 경우가 많다. 세타파는 창의적 사고에 도움을 줄 수 있지만, 과도하게 활성화되면 집중력을 방해하고 논리적 사고를 어렵게 만든다. 또한, 좌우뇌의 균형이 맞지 않으면 정보 처리 속도가 느려지고, 문제 해결에도 어려움을 겪게 된다.

"뇌가 스스로 리듬을 조율할 수 있도록 도와줄 수는 없을까?"
배움은 속도의 문제가 아니라, 조화의 문제이기 때문이다.

느린 학습자(Slow Learners)는 지능지수(IQ) 70~85 범위에 해당하는 경계선 지능을 가진 아동 및 청소년을 일컫는다. 이들은 주로 학습 속도가 느리고, 정보 처리와 기억 능력에서 어려움을 겪는다. 학습 과정에서는 반복적인 지시와 추가 설명이 필요하며, 사회적 상호작용이나 문제 해결 능력에서도 또래에 비해 뒤처지는 경향을 보인다.

이러한 아동은 추상적인 개념을 이해하거나 복잡한 문제를 해결하는 데 어려움을 겪으며, 학업은 물론 일상생활 속에서도 크고 작은 도전에 자주 직면한다.

첫째, 학습 속도의 저하다. 새로운 정보를 습득하는 데 시간이 오래 걸리며 전반적인 진도가 느려 수업을 따라가는 데 어려움을 겪는다. 이로 인해 학업 성취도가 낮아지는 경우가 많다.

둘째, 작업 기억력이 부족하다. 여러 정보를 동시에 유지하거나 처리하는 데 한계를 보이며, 이를 지속적으로 관리하는 데 어려움을 느낀다.

셋째, 추상적 사고의 한계다. 이들은 구체적이고 시각적인 자극에는 반응하지만, 추상적 개념이나 문제 해결에서는 쉽게 혼란을 느낀다.

이러한 특성은 학교생활뿐 아니라 사회적 관계에서도 영향을 미친다. 또래들과의 상호작용에서 규칙을 이해하지 못하거나 대화의 흐름을 놓치는 일이 반복되며, 그로 인해 소외감을 경험할 수 있다.

웩슬러 지능검사(WISC-V) 지표

웩슬러 지능검사 결과는 경계선 지능 아동의 전형적인 특성을 반영한다.
1. 언어이해 지표(VCI): 복잡한 문장이나 추상적인 개념을 이해하는 데 어려움을 보이며, 언어적 사고가 단순하다.
2. 지각추론 지표(PRI): 시각적으로 주어진 정보를 분석하는 능력이 부족해, 도형이나 패턴을 분석하는 데 시간이 걸리고 정확도도 떨어진다.
3. 작업기억 지표(WMI): 단기 기억력과 작업 기억이 약하여, 한 번에 여러 정보를 기억하거나 처리하는 데 어려움을 겪는다.
4. 처리속도 지표(PSI): 시각적 자극에 빠르게 반응하는 능력이 떨어져, 학업 과제를 수행할 때 다른 학생들보다 시간이 많이 소요된다.

느린 학습자의 웩슬러 검사 결과를 해석할 때는 전체 지능지수뿐 아니라 하위 지표 간의 균형도 함께 고려해야 한다. 예를 들어, 언어이해와 작업기억 지수가 모두 낮은 경우에는 전반적인 학업 성취에 큰 어려움을 겪을 가능성이 높다. 또한, 처리속도 지수가 낮을 경우, 필기나 읽기 속도가 느려져 수업을 따라가는 데 시간이 더 걸릴 수 있다.

이들은 단순히 학습 속도가 느릴 뿐, 학습 능력이 결여된 것은 아니다. 개별 특성을 반영한 교수 전략과 맞춤형 지원이 제공된다면, 학습상의 어려움을 극복하고 점진적인 성장을 이룰 수 있다.

사례
[느린 학습자 (경계선 지능)]

12세 여자 아동 OO이는 웩슬러 지능검사 결과 IQ 75로 평가되어 경계선 지능을 가진 느린 학습자로 진단되었으며, 지속적인 학습 어려움을 겪고 있다. 현재 학습도움반에서 특별한 지원을 받고 있으나, 학습 속도가 또래보다 느리고 새로운 개념을 배우거나 기억하는 데 큰 어려움을 보인다. 수업 중에는 집중력이 낮아 교사의 설명을 이해하는 데 시간이 걸리며, 반복적인 설명이 필요하다. 특히 읽기와 수학 과목 에서 어려움이 두드러지며, 학습 과정에서 좌절감을 자주 경험해 자신감이 점차 낮아지고 있다.

또래 관계에서도 어려움을 보인다. 친구들의 놀이 규칙이나 대화 내용을 이해하지 못해 소외되는 경우가 많고, 다툼이 생기면 상황을 정확히 파악하지 못한 채 자신의 생각에만 몰입하는 경향이 있다. 낯선 상황이나 이해되지 않는 상황에서는 화를 내거나 감정적으로 반응하기도 한다.

수면 패턴 또한 불안정하여, 새벽에 자주 깨어 돌아다니는 습관이 있다. 어릴 때부 터 발달 지연의 징후가 있었으며, 말이 늦었고 줄넘기나 계단 오르기 같은 기초적인 운동 기능에서도 또래보다 뒤처지는 모습을 보였다. 이러한 신체 발달의 지연은 시 간이 지나면서 더욱 분명해졌고, 초등학교 2학년 무렵부터는 또래와의 관계에서 더 욱 큰 어려움을 겪기 시작하였다.

Q 느린학습자 검사 결과가 어떤가요?

느린 학습자의 학습 및 발달 문제를 정확히 이해하기 위해서는 다양한 요인에 대한 사전 정보를 확인하는 것이 중요하다. BQ2와 같은 뇌파 분석 도구를 활용하면, 집중력, 정보 처리 속도, 학습 능력 등 인지 기능 전반에 대한 상태를 구체적으로 파악할 수 있으며, 다양한 주파수 대역의 활동을 시각적으로 확인할 수 있다.

2D 스펙트럼 분석 결과, 서파(델타파, 세타파)의 활성화가 두드러질 경우 정보 처리 속도가 느려지는 경향이 나타난다. 이는 학습 과정에서 개념을 이해하거나 정보를 조직하는 데 더 많은 시간이 필요함을 의미한다. 특히 좌우 뇌의 비대칭성이 클 경우, 외부 자극을 받아들이고 통합하는 데 어려움이 발생할 가능성이 높다. 이러한 비대칭성은 좌뇌의 서파 과활성과 관련될 수 있으며, 폐안 상태에서도 과도한 서파가 유지될 경우 이는 비효율적인 뇌 기능 활용 패턴으로 해석될 수 있다.

또한, 수면과 관련된 뇌파 분석 결과에서는 알파파 소실률의 좌우 불균형이 관찰되었으며, 이는 아동이 깊은 수면을 충분히 취하지 못하고 있음을 보여준다. 이러한 수면의 질 저하는 장기적으로 신경 발달과 인지 기능 전반에 부정적인 영향을 미칠 수 있다.

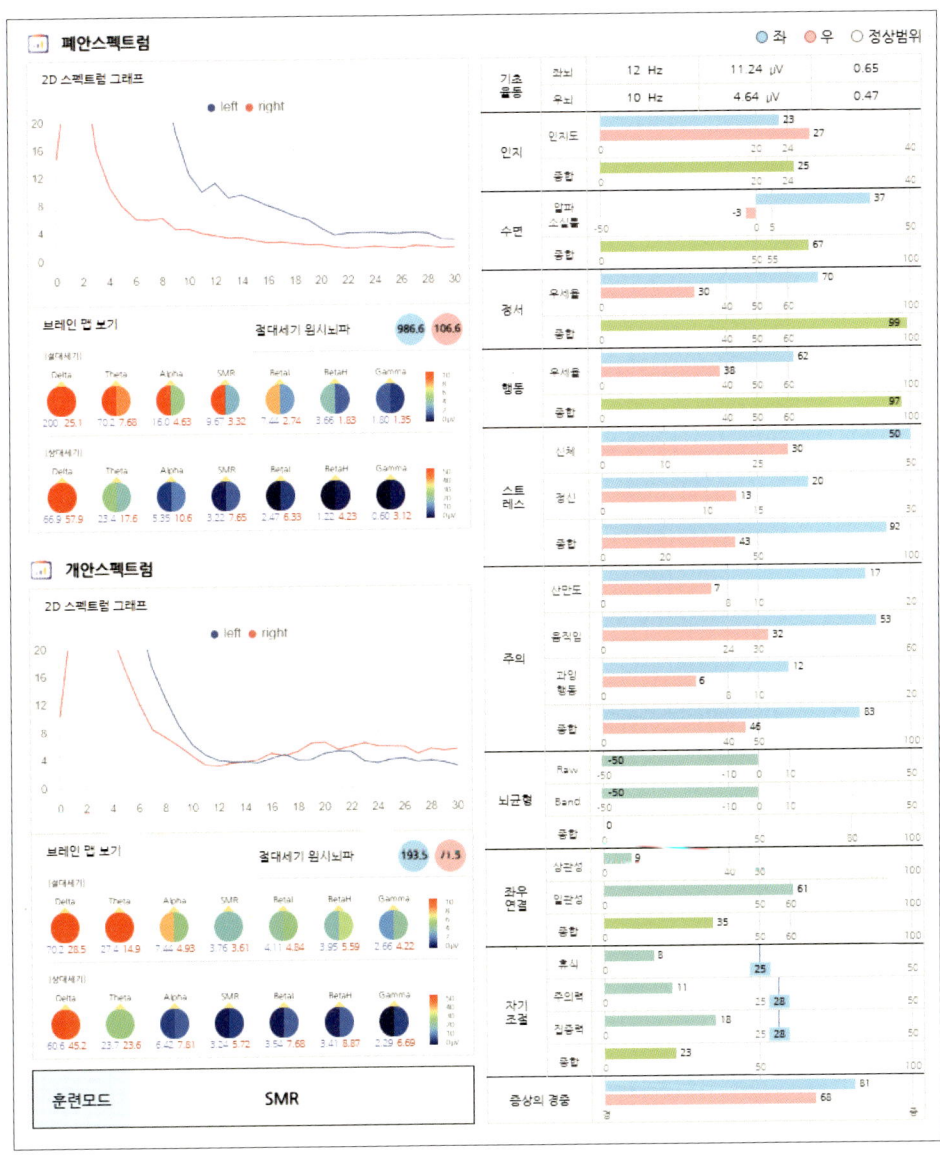

느린 학습자 사례의 BQ2 뇌기능검사지

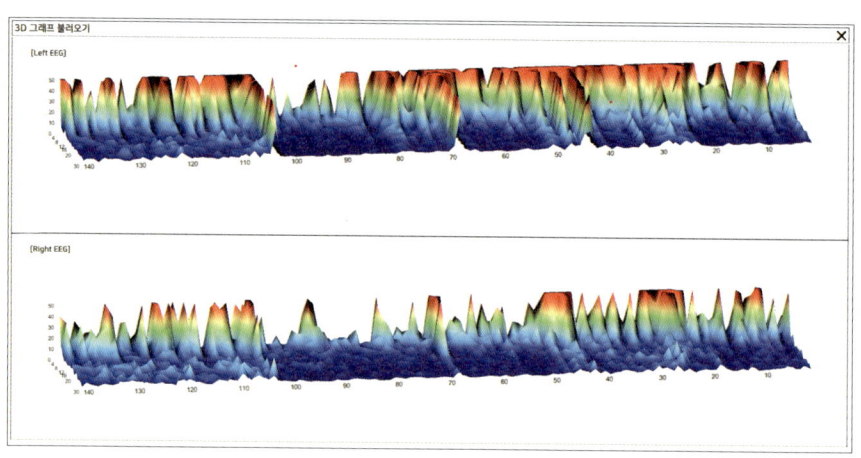

느린 학습자 사례의 뉴로스펙 3D 뇌파

    FFT(Fast Fourier Transform)로 변환된 뉴로스펙 분석 결과, 좌뇌 서파 전압이 매우 높게 나타났으며, 좌우뇌 간의 불균형이 뚜렷하게 관찰된다. 이러한 심한 좌우뇌 불균형은 외부 정보의 입력과 출력이 원활하지 않다는 점을 나타내며, 전반적인 신경 기능 조절에도 영향을 미칠 수 있다.

  또한, 고베타파의 과활성과 함께 나타나는 좌우뇌 불균형은 인지 기능의 저하와 자기조절 능력의 부족으로 이어질 가능성이 높다. 이로 인해 학습과 일상생활 전반에서 집중력의 저하, 감정 조절의 어려움이 지속적으로 나타 날 수 있다. 따라서 뇌 기능의 균형을 회복하고 최적의 상태로 조절하기 위한 적절한 개입이 필요한 시점이다.

> **느린 학습자 검사 후 어떤 훈련 방법으로 진행되나요?**

훈련 모드를 '주의력'으로 설정한 후, 아동이 호흡 훈련에 집중할 수 있도록 지도하였다. 평소 짧은 호흡 패턴을 가지고 있어 3초 호흡을 유지하는 데 어려움을 보였으며, 5분간 집중을 지속하지 못해 중간에 주의를 주고 호흡 훈련의 중요성을 강조하였다. 이후 브레인헬스 프로그램을 활용하여 기본 훈련을 진행하였으며, 이때 배경 뇌파를 안정시키는 뇌 이완 훈련과, 소리에 즉각 반응하는 운동감각 기반 집중력 훈련을 병행하였다.

훈련을 지속하면서 뇌 이완 및 집중력 훈련 점수가 향상되기 시작하자, 측두엽 해마 뉴런의 활성화를 위한 기억력 훈련을 강화하였다. 그러나 훈련이 3개월째에 접어들었음에도 여전히 어려움을 보였다. 이후 좌뇌의 서파 전압이 낮아지기 시작하면서, 기억력 훈련과 함께 사고력 훈련을 추가로 실시하였다. 6개월이 지난 시점에는 부모로부터 학습이 점차 진전되고 있다는 긍정적인 피드백이 전달되었다.

기억력 훈련은 행성이 나타나는 순서를 기억하여 맞추는 게임으로, 아동의 기억력을 강화하는 데 초점을 둔 프로그램이다. 이 훈련은 작업 기억을 담당하는 전두엽뿐만 아니라, 기억 기능의 중심 역할을 하는 해마까지 자극하여 전반적인 기억력 발달을 돕는다.

　사고력 훈련은 7개의 조각을 조합하여 주어진 이미지를 완성하는 프로그램으로, 뇌의 공간 지각 능력, 추리력, 사고력, 논리력을 강화하는 데 중점을 둔다. 이 훈련은 전두엽, 두정엽, 측두엽을 함께 자극하여 전반적인 인지 기능을 향상시키는 데 효과 적이다.

　부모와의 초기 상담을 통해 뉴로피드백 훈련과 병행하여 인지 치료도 함께 진행 할 것을 권유하였으며, 아이에게는 지속적인 응원과 지지를 아끼지 않았다. 훈련이 12개월 차에 접어들면서 본격적으로 코그(COG) 훈련을 시작하였다. 일반적으로 단순한 집중력 저하를 개선하기 위해서는 약 3~4개월 후에 코그 훈련을 도입하지만, 느린 학습자의 경우 신경망이 충분히 구축된 이후 진행해야 하므로 더 많은 시간이 필요하다.

　CogTrain은 뉴로피드백 기반의 인지 기능 강화 프로그램으로, 뇌의 신경 인지 능력을 향상시키는 데 목적이 있다. 이를 통해 아이의 전반적인 인지 기능을 체계적으 로 강화하고자 하였다.

　코그 훈련에 이어 D2 주의 집중력 훈련을 시작한 이후, 아이의 행동에서 뚜렷한 변화가 나타나기 시작하였다. 학습에 대한 태도가 점차 적극적으로 변하였고, 또래 친구들과의 관계에서도 긍정적인 변화가 관찰되었다. 과거에는 자기중심적인 사고로 인해 주변 상황을 인식하지 못했지만, 훈련을 통해 주의력이 향상되면서 주변을 살피고 상황을 고려하는 능력이 크게 개선되었다. 이러한 변화는 학교에서도 뚜렷하게 나타났으며, 교사들로부터 긍정적인 피드백을 받을 수 있었다.

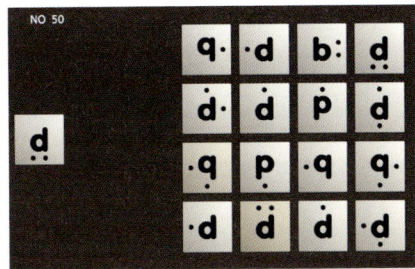

코그 훈련 D2-2

D2 주의 집중력 훈련: 제시된 도형의 정답을 가려내면서 주의 집중력을 향상시키는 훈련으로, 과잉행동이나 산만한 행동을 억제시키는 훈련이다.

이후, 본격적인 작업 기억 향상 훈련으로 N-back 훈련을 실시하였다. N-back 훈련은 느린 학습자에게는 다소 도전적인 과정이지만, 기억력 강화와 좌우뇌 활성화에 기여하는 핵심적인 프로그램이다. 특히 작업 기억 훈련은 지능과도 밀접한 연관이 있어, 지속적인 반복 훈련을 통해 인지 능력을 효과적으로 향상시킬 수 있다.

비록 훈련 과정이 쉽지 않았지만, 꾸준한 노력과 반복적인 참여를 통해 점진적인 향상이 가능하였다. 이러한 변화는 아동의 전반적인 학습 능력 향상뿐만 아니라, 일상생활에서의 적응력 개선에도 긍정적인 영향을 준다.

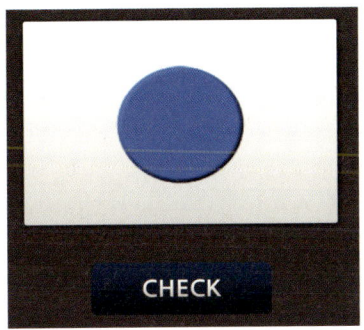

코그훈련 N-back

N-back 작업 기억 훈련은 기억력과 집중력을 향상시키는 데 초점을 맞춘 두뇌 훈련 방법이다. 이 훈련은 순차적으로 제시되는 숫자나 도형 중, 일정한 회차 전에 나타난 자극을 기억하고 동일한 자극이 다시 나타났을 때 이를 정확히 인식하여 반응하는 방식으로 진행된다.

Q 느린 학습자 훈련 후 어떠한 변화가 있었나요?

느린 학습자는 뉴로피드백 훈련을 통해 뇌파의 균형을 조절하고, 주의력과 인지 기능을 향상시키는 긍정적인 변화를 경험할 수 있었다. 훈련 전에는 주로 서파(델타파 1–4Hz, 세타파 4–8Hz)의 과도한 활성화가 관찰되었으며, 이로 인해 주의력 저하, 정보 처리 속도 지연, 학습 수행 능력 저하가 나타났다. 또한, 좌우뇌 비대칭성이 뚜렷하게 드러나 감정 조절과 행동 조절에 어려움을 겪는 경우가 많았다.

뉴로피드백 훈련을 꾸준히 진행하면 뇌파의 특정 주파수 대역에서 점진적인 변화가 나타난다. 과도하게 높았던 서파(델타, 세타)의 전압이 점차 낮아지면서 정보처리 속도가 개선되고, 주의 집중력이 향상된다. 훈련 초기에는 학습 수행 시간이 길어지고 피로감을 호소하는 경우도 있으나, 점진적으로 세타파 감소와 함께 베타파(12–30Hz)의 적절한 활성화가 이루어지면서 학습 태도가 점차 개선된다.

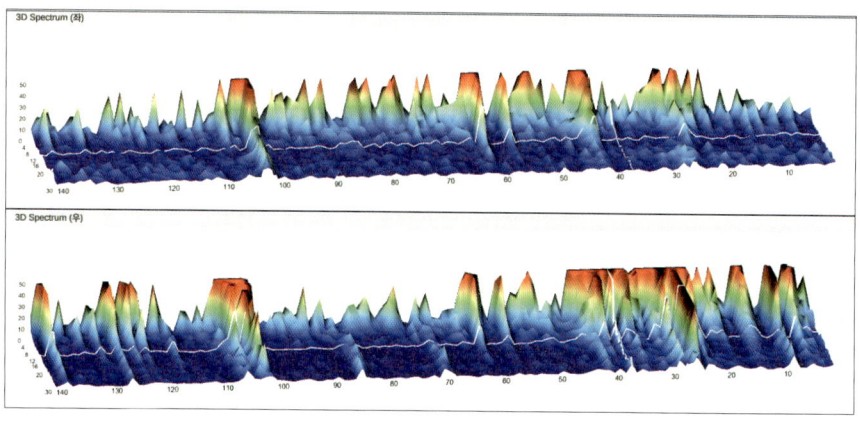

느린 학습자의 훈련 8개월째 뉴로스펙 3D 뇌파

훈련 8개월 차에 관찰된 뇌파 변화는 과도했던 서파(느린 파형)가 감소하기 시작 했음을 보여준다. 이는 주의력 및 각성 수준이 점차 안정화되고, 전반적인 뇌의 기능적 조절이 이루어지고 있음을 나타낸다. 서파의 안정화는 특히 학습 및 작업 기억의 향상과 관련이 있으며, 아동의 행동, 학습, 정서적 안정에도 긍정적인 영향을 미친다.

훈련 초기와 비교하면, 이 시점에서는 뇌파 패턴이 과도한 서파 활동에서 벗어나 보다 균형 잡힌 형태로 변화하였다. 이로 인해 뇌의 신경 네트워크가 더욱 효율적으로 작동할 수 있는 기반이 마련되었다.

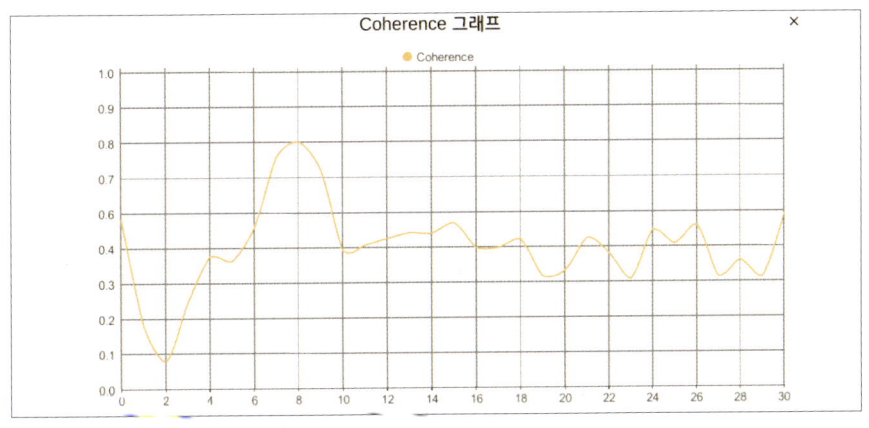

느린 학습자의 훈련 8개월째 폐안 시 코히어런스 그래프

Coherence는 두 개의 뇌파 신호 간 위상의 일관성을 측정하는 지표이다. 0에 가까운 Coherence 값은 두 영역 간 동기화가 거의 없거나, 뇌 영역들이 독립적으로 작동하고 있음을 의미한다. 이는 인지적 부하가 적거나 특정 기능이 활발하지 않은 상태에서 주로 관찰된다.

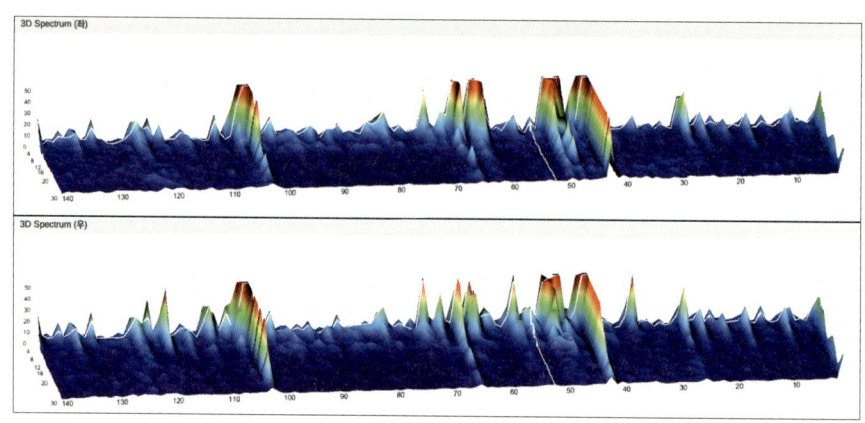

느린 학습자의 훈련 12개월째 뉴로스펙 3D 뇌파

훈련 12개월 차에 접어들면서 코그 훈련을 병행한 결과, 좌우뇌의 균형이 점차 맞춰지기 시작하였으며, 이에 따라 감정 조절 능력도 크게 향상되었다. 이러한 변화는 훈련을 통해 신경 활동이 보다 조화롭게 조정되면서 뇌의 전반적인 기능이 개선된 결과로 해석할 수 있다.

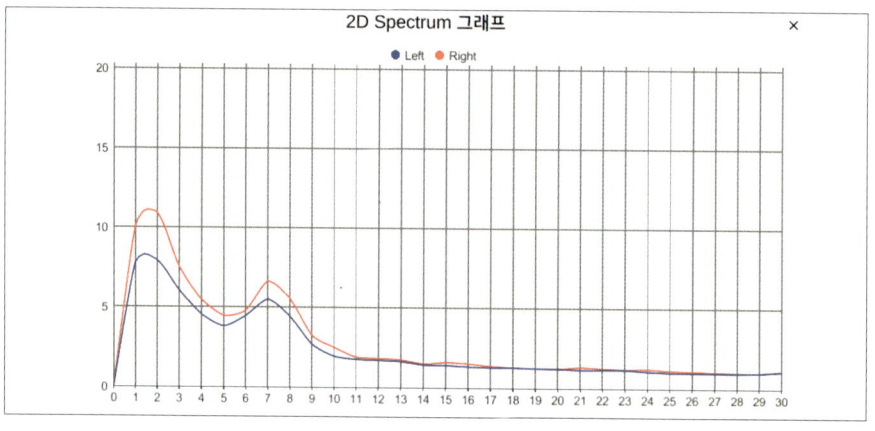

느린 학습자의 훈련 12개월째 폐안 시 2D 스펙트럼 그래프

2D 스펙트럼 분석을 통해 30Hz 이하의 뇌파 변화를 정밀하게 확인한 결과, 좌우뇌 모두에서 7Hz의 기초율동이 관찰되었으나, 전압 차이가 존재하는 것으로 나타났다.

사례 3. 자기만의 세계에 갇혀 있어요
자폐 스펙트럼

타인의 감정을 읽는다는 것

　세상은 수많은 표정과 말들로 가득하다. 사람들은 얼굴을 찡그리며 불편함을 표현하고, 눈빛만으로도 기쁨과 슬픔을 나눈다. 그러나 어떤 아이들에게는 이 모든 것이 마치 해독할 수 없는 암호처럼 느껴진다. 상대방이 화가 난 이유를 이해하지 못하고, 친구가 장난을 치면 그 의도를 파악하지 못한 채 혼란스러워한다. 가끔은 불편한 기색을 알아채지 못하고 계속 말을 이어가다가 상대방을 지치게 만들기도 한다. 이 아이들에게 '타인의 감정을 읽는다'는 것은 보이지 않는 언어를 해석하는 것만큼이나 어렵다.

　자폐 스펙트럼 장애(ASD)를 가진 아이들은 종종 사회적 상호작용에서 어려움을 겪는다. 감정의 미묘한 변화를 인식하고, 적절한 반응을 보이는 것이 자연스럽게 이루어지지 않는다. 이는 단순한 성향의 문제가 아니라, 뇌의 정보 처리 방식이 다르기 때문이다.

　그렇다면 감정을 이해하는 능력도 훈련을 통해 변화할 수 있을까? 이 장에서는 자폐 스펙트럼 장애를 가진 아동의 실제 사례를 통해 뉴로하모니 뉴로피드백 훈련이 어떻게 감정 인식 능력을 키우고, 세상과의 소통을 조금씩 넓혀갈 수 있도록 돕는지를 살펴본다. 자신만의 세계에서 한 걸음 나와 세상의 감정을 이해해 나가는 그 변화를 함께 따라가 보자.

자폐 스펙트럼 장애(ASD, Autism Spectrum Disorder)는 사회적 상호작용과 의사소통의 어려움, 그리고 제한적이고 반복적인 행동을 특징으로 하는 신경 발달 장애이다. 이 질환을 가진 아동은 종종 자신만의 내적 세계에 몰두하며, 타인과의 정서적 교류와 사회적 연결에 제약을 보인다. 이러한 특성은 언어 및 비언어적 의사소통 능력의 결핍으로 나타나며, 증상의 정도는 개인마다 크게 다를 수 있다. 경증에서 중증까지 다양한 스펙트럼으로 분포한다.

발병률은 꾸준히 증가하고 있으며, 이는 조기 진단 기술의 발전과 사회적 인식 향상에 따른 결과로 해석된다. 특히 남아에서의 비율이 여아보다 약 4배 더 높게 나타난다. 언어 발달 지연이나 사회적 관계에 대한 무관심은 조기 발견의 주요 단서가 되며, 이로 인해 부모나 교사가 초기 단계에서 문제를 인지하는 경우가 많다.

이 장애의 원인은 복합적인 신경생물학적 요인으로 추정된다. 명확한 단일 원인은 밝혀지지 않았지만, 유전적 소인과 환경적 영향이 상호 작용하여 뇌 발달에 변화를 일으킨다는 것이 주요 가설이다. 일부 연구에서는 신경망 연결성의 이상이나 뇌 회로의 비정상적인 발달이 중요한 역할을 한다고 보고되고 있다.

비록 평생 지속될 수 있는 특성을 지니지만, 조기 개입과 맞춤형 치료를 통해 사회적 상호작용 능력과 의사소통 기술을 개선하고, 자립적 삶을 영위할 수 있는 가능성을 높일 수 있다.

자폐스펙트럼장애는 신경발달장애의 하나로, 사회적 상호작용과 의사소통의 어려움으로 제한적이고 반복적인 행동 양상을 핵심 특징으로 한다. ASD는 '스펙트럼'이라는 이름처럼 매우 다양한 형태로 나타나며, 증상의 종류와 심각도는 개인에 따라 크게 다르다. 이러한 다양성을 반영하기 위해, 자폐스펙트럼장애는 여러 하위 유형 또는 진단 범주로 세분화되어 이해된다.

• **전형적 자폐** (Autistic Disorder)
아주 어릴 적부터 언어 발달이 늦고, 타인과 눈을 마주치지 않으며, 마치 혼자만의 세계에 갇혀 지내는 듯한 모습을 보이곤 한다. 반복적인 손짓이나 소리를 내며 똑같은 일상 속에서 안정을 느끼고, 낯선 변화에는 극심한 스트레스를 호소하기도 한다. 이들은 종종 지적 발달에도 어려움을 동반하며, IQ 70 이하의 수치를 보이는 경우도 많다.

• **아스퍼거 증후군** (Asperger Syndrome)
일반적으로 높은 지능과 특정 관심사에 대한 집착을 보이지만, 사회적 규칙을 이해하고 공감하는 데 어려움을 느낀다.

• **소아기 붕괴성 장애** (Childhood Disintegrative Disorder, CDD)
생후 몇 년 동안 정상적으로 발달하다가 2세에서 4세 사이에 갑작스러운 발달 퇴행이 나타나는 질환이다.

사례
[자폐스펙트럼]

초등학교 2학년에 재학 중인 OO는 자폐 스펙트럼 장애(ASD) 진단을 받은 남자 아동이다. 아주 어린 시절부터 여러 차례 열성 경기를 경험했으며, 두 살 무렵 시작된 열경기는 이후 매년 한 번씩 반복되었다. 이로 인해 성장 과정에서 신체적·정신적 발달 지연이 관찰되었다.

두 살 때부터 OO는 주변 사람이나 환경에 거의 관심을 보이지 않았으며, 부모와의 애착 형성도 원활하지 않았다. 눈 맞춤이 드물었고, 이름을 불러도 반응하지 않는 경우가 많았다. 처음에는 단순한 발달 지연으로 여겨졌지만, 시간이 지나면서 언어 발달이 현저히 늦어졌고, 타인과의 상호작용에서도 어려움이 나타났다. 특히 같은 동작을 반복하거나 특정 물건에 집착하는 행동이 증가하면서, 부모는 자폐 스펙트럼 장애를 의심하게 되었다. 이후 병원 진단을 통해 ASD로 확정되었고, ABA(응용행동분석) 치료, 인지 치료, 언어 치료 등 다양한 치료적 개입이 이루어졌다.

현재 OO는 침을 자주 흘리고, 음식을 급하게 먹어 체하는 일이 많다. 손바닥에서 열이 나며 피부가 거칠고, 감각에 둔감한 편이다. 또한 주의 집중력이 낮고 감정 조절이 어려우며, 본인이 관심을 갖는 것에는 과도한 집착을 보이는 반면, 다른 사람들의 관심사에는 무관심한 태도를 나타낸다.

Q 자폐스펙트럼 아동 훈련전 검사 결과가 어떤가요?

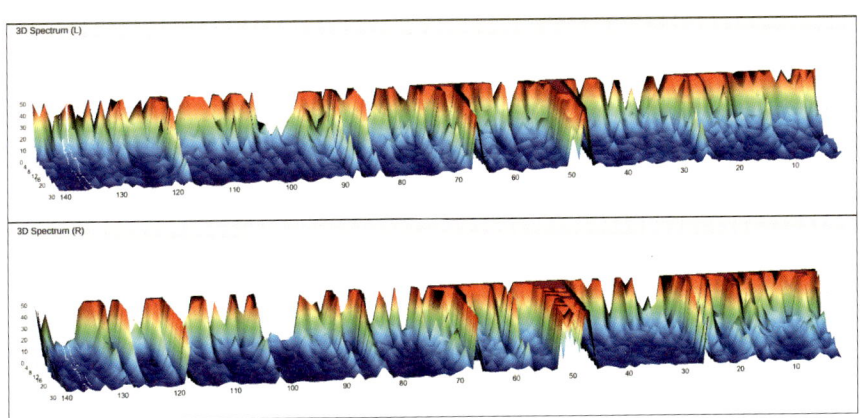

자폐 스펙트럼 뉴로스펙 3D 뇌파

초기 상담에서 아동은 극심한 긴장과 불안을 보였으며, 이로 인해 당일 뇌기능 검사를 진행하기 어려웠다. 검사 환경에 대한 불안이 높아 검사에 협조하기 어려운 상태였기에, 먼저 뇌 이완 훈련을 실시하며 아동과의 라포를 형성한 뒤 검사를 진행할 수 있었다.

뇌파 측정 결과, 델타파와 세타파가 과도하게 활성화되어 신체적·정신적 각성 수준이 낮고, 전반적인 인지 및 주의 조절 능력이 저하되어 있었다. 좌우뇌의 불균형 역시 뚜렷하게 나타나 언어 및 논리적 사고, 창의성과 직관적 사고 능력에 모두 부정적인 영향을 미칠 수 있었다.

특히 폐안(눈을 감은 상태) 시에도 서파가 강하게 지속되어 뇌가 안정적인 이완상태에 들어가지 못하는 모습이 관찰되었다. 기본적인 신경 조절 기능이 약화된 상태로, 뉴로피드백 훈련을 통해 서파를 안정시키고 점진적으로 뇌의 균형을 회복하는 접근이 필요하다.

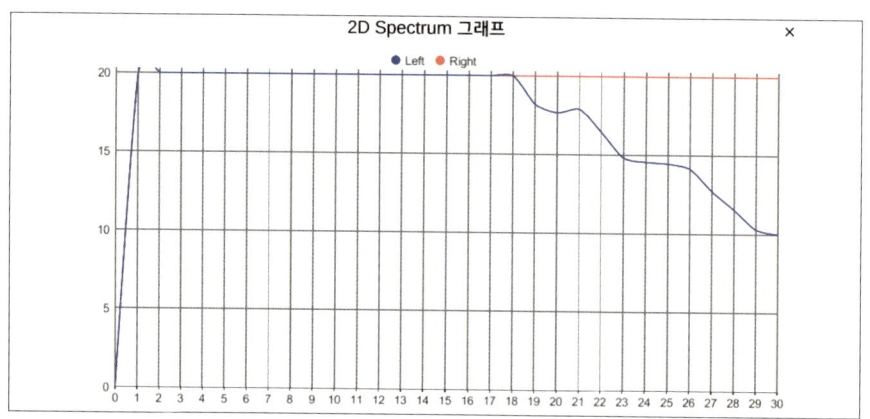

폐안 시 2D 기초율동 그래프

폐안 시 기초율동 2D 스펙트럼 그래프를 분석한 결과, 좌뇌에서는 높은 전압이 두드러졌으며, 우뇌는 그래프 범위를 벗어날 정도로 과활성화된 양상이 나타났다. 눈을 감은 상태에서 과도하게 나타나는 서파 패턴은 자폐스펙트럼장애(ASD)에서 흔히 관찰되는 특징 중 하나이다. 특히 이는 뇌의 기능적 연결성 불균형과 억제 기전의 비효율성이 반영된 결과로 해석할 수 있다.

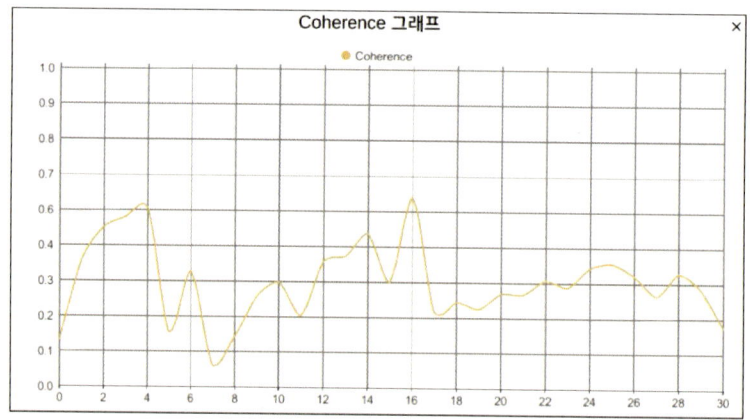

코히어런스 그래프

Coherence(코히어런스) 지수는 두뇌 영역 간 뇌파의 동기화 정도를 나타내는데, 정상적으로는 1에 가까운 값이 이상적이다. 그러나 현재 측정된 값은 0.4 이하로, 좌우뇌 영역이 거의 독립적으로 작동하고 있음을 나타낸다. 이는 인지 기능 저하 또는 특정 기능 활성 부족과 관련될 수 있다.

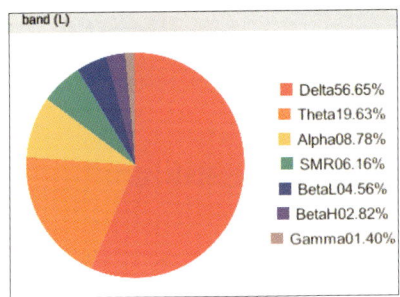 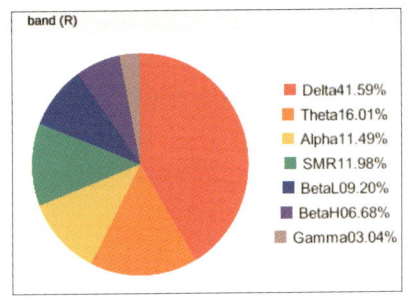

폐안 시 좌뇌와 우뇌의 상대 세기 파이그래프를 분석한 결과, 좌측 델타파 비율이 우측보다 높게 나타났다. 주파수별 상대 세기 분석을 통해 폐안 상태에서도 뇌파의 비대칭성이 확인되었으며, 특히 좌뇌 델타파의 우세한 패턴은 기능적 연결성의 불균형이나 특정 신경학적 특성과 관련될 수 있다.

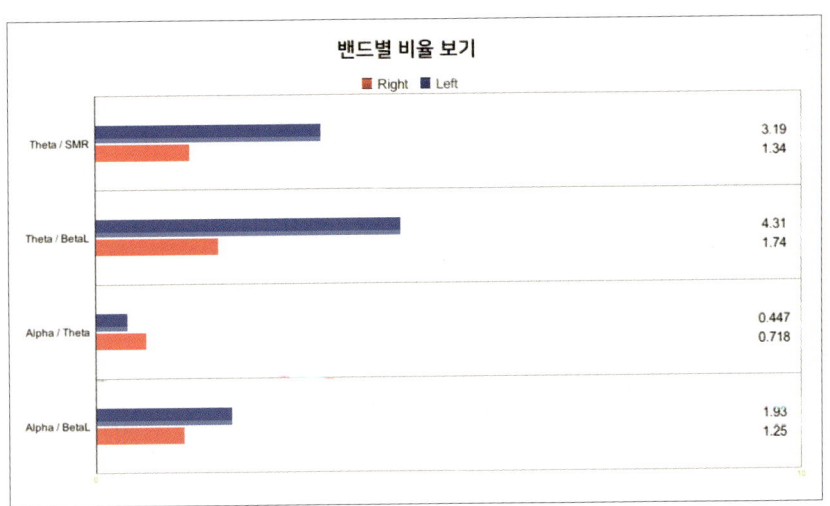

눈을 감은 상태에서의 뇌파 데이터 분석 목적은 잡파를 제거한 상태에서 보다 정확한 뇌파 패턴을 관찰하는 데 있다. 밴드별 비율 분석에서 세타파를 기준으로 삼는 이유는, 세타파가 뇌의 각성 상태를 민감하게 반영하기 때문이다. 각성 상태와 비각성 상태를 비교했을 때 세타파가 강하게 나타난다면, 이는 뇌기능 저하나 주의력 저하와 밀접하게 관련되어 있음을 의미한다.

Q
자폐스펙트럼 아동은 어떤 훈련 방법으로 진행되나요?

외부 정보를 인식하는 데 어려움을 겪는 자폐 아동의 경우, 호흡 훈련을 진행하는 것이 쉽지 않아 바로 뇌 이완 훈련을 시작하였다. 뇌 이완 2단계를 10분으로 설정하고, 소리와 화면에 집중하도록 유도하며 훈련을 진행하였다.

대체로 외부 자극에 예민하거나 둔감한 자폐 아동은 뇌 이완 훈련에서 점수가 잘나오지 않는 경향이 있다. 뉴로하모니 뉴로피드백 훈련에서는 설정된 훈련 모드에 부합할 때 소리가 나면서 보상 점수가 올라가지만, 점수가 낮게 나타난 경우 이는 주의력과 관련된 SMR파(감각운동 리듬파)가 충분히 생성되지 않았음을 의미한다. 다시 말해, 감각 피질이 활성화되지 않은 상태를 반영하는 결과로 해석할 수 있다.

뇌이완 2단계 또는 3단계 훈련을 10분 동안 진행한 후, 집중력 훈련을 이어서 실시해야 했지만, 아동은 마우스 사용이 어려웠으며 활쏘기 전에 나오는 소리를 전혀 인식하지 못했다. 소리 반응을 보일 때까지 뇌이완 훈련과 함께 뇌건강 1단계, 좌우뇌 균형 훈련을 중심으로 진행하였다.

훈련을 지속한 지 3개월이 지나면서, 아동은 집중력 훈련의 활쏘기에서 나오는 소리에 반응을 보이기 시작했고, 훈련 과정에서는 손을 함께 잡아 소리에 맞춰 반응할 수 있도록 도우며 훈련을 진행하였다.

　뉴로하모니 뉴로피드백 훈련에서 뇌이완은 정보를 입력하는 과정이라면, 집중력 활쏘기는 정보를 출력하는 훈련에 해당한다. 집중력 훈련과 뇌이완 2단계를 추가로 진행하면서 침을 흘리는 빈도가 줄어들었고, 의사소통 시 눈맞춤이 늘어나며 지속 시간도 길어지는 변화를 보였다.

　집중력 훈련 중 혼잣말을 하면 소리가 잘 나오지 않기 때문에, 활쏘기 전에 나오는 소리에 집중하도록 유도하며 훈련을 진행하였다.

　훈련을 시작한 지 6개월이 지나면서 뇌건강 2단계를 추가로 실시하였다. 처음에는 훈련 시간이 30분 이상 소요되었으나, 점차 적응하면서 15분까지 단축되는 변화를 보이기 시작했다.

　훈련을 진행하는 동안 과도하게 노출되었던 미디어 사용을 중단하자, 혼잣말 형태의 반향어(Echolalia)가 줄어들었으며, 감정을 조절하려는 모습이 관찰되었다. 자폐 아동은 스마트폰이나 강한 시각·청각 자극을 주는 미디어 콘텐츠에 특히 취약 할 수 있으므로, 이 점을 반드시 고려해야 한다.

　미디어에 과도하게 노출되면 뇌의 각성이 지나치게 높아지거나, 뉴로피드백 훈련을 통해 형성된 뇌파 균형이 흐트러질 위험이 있다. 따라서 미디어 사용을 제한하고, 뇌 기능이 안정적으로 유지될 수 있도록 적절한 환경을 조성하는 것이 중요하다.

Q 자폐 스펙트럼 아동은 훈련 후 어떠한 변화가 있었나요?

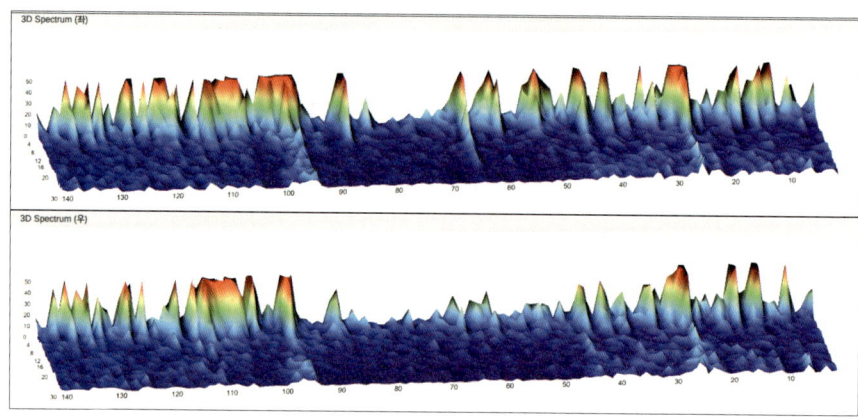

뉴로하모니 훈련 12개월째 뉴로스펙 3D 뇌파

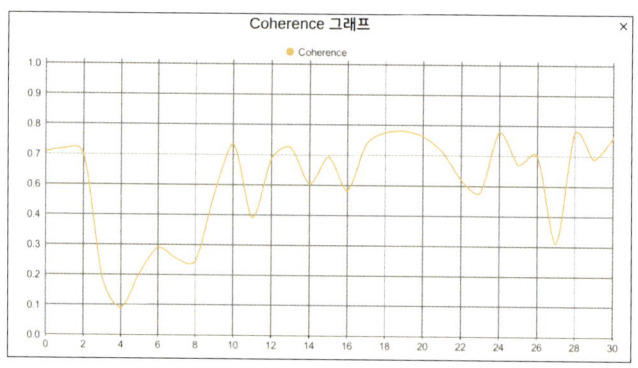

뉴로하모니 훈련 12개월째 코히어런스 그래프

폐안 시 기초율동에서 서파와 베타파가 현저히 감소하는 양상이 관찰되었다. 이는 뇌가 충분히 휴식 상태에 들어갔음을 보여주며, 좌우뇌의 일관성을 나타내는 코히어런스(coherence) 값이 소폭 상승한 것도 확인되었다. 코히어런스 값의 증가는 좌우뇌 간의 상호작용이 더욱 원활해졌음을 의미한다.

특히, 눈을 감았을 때 뇌가 정보 처리를 멈추고 쉬는 반응을 보인다는 것은, 눈을 떴을 때 정상적으로 정보 처리를 수행할 수 있는 중요한 지표로 해석할 수 있다. 이러한 변화는 주 2회, 8개월간 꾸준히 뉴로피드백 훈련을 진행한 결과이며, 지속적인 훈련이 뇌파의 안정성과 일관성 향상에 긍정적인 영향을 미쳤음을 보여준다.

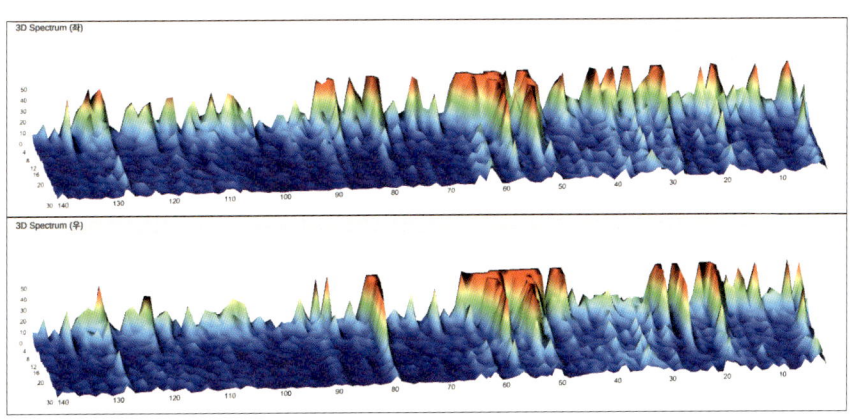

뉴로하모니 훈련 16개월째 뉴로스펙 뇌파

3D 뇌파 분석 결과, 1차 개안 시 과활성화되었던 뇌파가 눈을 감은 후 2차 개안에서는 시파기 안정되며, 몸의 진동이 감소하는 모습이 관찰되었다. 이는 뇌 활동이 점차 안정적인 상태로 변화하고 있음을 나타낸다. 훈련 이후에는 뇌의 상호작용이 원활해지고, 주변에 대한 관심과 표현력이 향상되는 경향이 뚜렷해졌다. 이러한 변화는 주 2회, 16개월 동안 뉴로피드백 훈련을 지속한 결과로, 뇌의 기능적 연결성과 정보 처리 능력이 개선되었음을 보여준다.

자폐 아동의 뇌파에서 서파(느린 파형)가 안정되기 시작하면, 뇌 기능이 점차 개선되면서 다양한 긍정적인 행동 변화가 나타난다. 먼저 눈 맞춤 시간이 증가하고, 주변 자극에 대한 반응이 나타나며, 반복적인 상동 행동도 점차 감소하는 경향을 보인다. 이러한 변화는 개인마다 차이가 있지만, 보통 6개월에서 9개월간의 뉴로피드백 훈련을 통해 관찰된다.

또한 언어 발달에도 긍정적인 영향을 미쳐 의사소통 능력이 향상되었으며, 뉴로피드백 훈련을 통해 언어 표현력이 개선되면서 단어와 문장을 구사하는 빈도와 정확도가 증가하고, 자신의 요구나 감정을 보다 명확하게 전달하는 변화를 보였다. 정서 조절 능력 역시 함께 향상되어, 훈련 전 자주 나타났던 감정 폭발이나 예측하기 어려운 행동이 점차 줄어든다.

자폐스펙트럼장애(ASD)는 매우 다양한 특성을 보이며, 개인마다 신경 발달 양상이 다르게 나타난다. 그중에서도 운동 감각이 발달한 자폐 아동은 뉴로피드백훈련을 통해 비교적 뚜렷한 효과를 보이는 경우가 많다. 특히 운동 기능은 단순한 신체 활동을 넘어 뇌 발달과 밀접한 관련이 있다. 움직임을 조절하는 소뇌와 전두엽은 주의력과 자기조절 기능에도 관여하는데, 운동 감각이 발달한 아동은 이러한 신경 회로가 비교적 활성화되어 있을 가능성이 크다. 신체 활동이 활발할수록 뉴런 간 연결이 강화되고, 뇌의 신경 가소성을 높이는 데 중요한 역할을 한다.

사례 4. 나도 모르게 몸이 움직여요
틱장애

뇌는 어떻게 스스로를 조율하는가?

몸이 저절로 움직이는 순간이 있다. 누군가는 눈을 자주 깜빡이고, 또 누군가는 어깨를 움찔거린다. 어떤 아이는 갑자기 의미 없는 소리를 내고, 어떤 아이는 특정한 행동을 반복하며 멈추지 못한다. 이 모든 것은 의도적인 행동이 아니라, 마치 몸이 자기 마음대로 움직이는 것처럼 보인다. 틱장애를 가진 아이들에게는 자신의 몸이 통제되지 않는 불안과 답답함이 일상이 된다.

틱장애는 단순한 습관이 아니라, 뇌의 조율 능력과 깊은 관련이 있는 신경학적 문제이다. 뇌의 특정 영역, 특히 감각운동 피질과 기저핵의 조절이 원활하지 않으면, 자기도 모르게 특정한 움직임이나 소리를 반복하는 틱 증상이 나타난다. 그렇다면, 뇌는 이런 불균형을 스스로 조율할 수 있을까?

이 장에서는 틱장애 아동의 실제 사례를 통해 뇌의 자기 조절 능력이 어떻게 회복되는지를 살펴본다. 무의식적으로 튀어나오는 움직임을 억지로 참는 것이 아니라, 뇌가 스스로 균형을 찾아가며 자연스럽게 증상이 완화되는 과정. 그 변화의 순간을 함께 따라가 보자.

틱(Tic)은 갑작스럽고 반복적으로 나타나는 불수의적인 운동(행동 틱)이나 소리(음성틱)를 의미한다. 주로 어린 시기에 발병하며, 특정 신체 부위에서 짧고 빠르게 나타나는 비의도적 움직임이나 소리로 표현된다. 증상의 경중은 경미한 것부터 심각한 것까지 다양하게 나타날 수 있다.

틱 관련 장애는 일시적 틱, 지속성(만성) 틱, 그리고 뚜렛증후군(Tourette'sSyndrome)으로 구분된다. 일시적 틱은 1년 이내에 사라지지만, 만성 형태는 1년 이상 지속되며 뚜렛증후군은 음성과 행동 양쪽에서 틱 증상이 동시에 나타나는 복합적 형태이다.

이러한 증상은 주로 뇌의 특정 부위, 특히 기저핵(basal ganglia) 기능 이상과 관련이 깊다. 기저핵은 운동 제어를 담당하는 영역으로, 전두엽(prefrontal cortex) 및 피질하 회로(subcortical circuits)와의 비정상적 연결이 틱 증상의 발생에 관여하는 것으로 알려져 있다.

행동틱과 음성틱의 특성

1.**행동틱**: 주로 얼굴, 목, 어깨 등 특정 부위에서 발생하는 비의도적이고 반복적인 움직임이다. 대표적인 행동틱에는 눈 깜빡임, 얼굴 찡그림, 목 돌림 또는 어깨 으쓱임 등이 있다. 행동틱은 단순하거나 복잡할 수 있는데, 단순한 행동틱은 눈 깜빡임 같은 짧은 움직임이며, 복잡한 행동틱은 여러 근육이 관여하는 더 복잡한 움직임을 포함할 수 있다.

2.**음성틱**: 소리를 내는 틱으로, 주로 기침 소리, 흡입음, 으르렁거림, 고함 등의 비자발적인 소리가 포함된다. 음성틱은 단순하게 짧은 소리일 수도 있고, 복잡한 음성 표현일 수도 있다. 뚜렛증후군의 경우, 욕설이나 사회적으로 부적절한 말을 내뱉는 코프로랄리아(상스러운 말하기틱)가 나타날 수 있지만, 이는 모든 뚜렛증후군 환자에게 나타나는 것은 아니다.

사례
[틱장애]

　초등학교 4학년에 재학 중인 남자 아동 OO는 틱 장애를 가지고 있으며, 7세 무렵부터 눈동자를 심하게 굴리는 행동 틱이 나타나기 시작했다. 초등학교 입학 이후에는 목기침과 같은 음성 틱이 추가로 발생했으며, 특히 스트레스나 긴장도가 높아질 때 증상이 심화되는 경향을 보였다.
　아동은 학습 능력이 우수하고 온순한 성격을 지니고 있다. 부모는 학업에 대한 스트레스를 주지 않으려 노력하고 있으나, 아동 스스로 성취에 대한 욕구가 강해 학습에서 뒤처지지 않으려는 부담을 안고 있는 모습을 보인다. 이러한 내적 긴장감은 틱 증상을 악화시키는 요인이 되며, 특히 새로운 환경에 적응해야 할 때 더욱 두드러진다. 또래 친구들이 틱 증상에 대해 질문할 때 예민하게 반응하며, 오랜 기간 증상이 지속되면서 자존감이 낮아진 상태이다. 그럼에도 불구하고 또래 관계는 비교적 원만하며, 교사의 지도도 잘 따르는 편이다. 다만, 자기 기준이 높은 성향으로 인해 스스로 압박을 느끼는 경우가 많다.

Q 틱장애 아동 훈련전 검사 결과가 어떤가요?

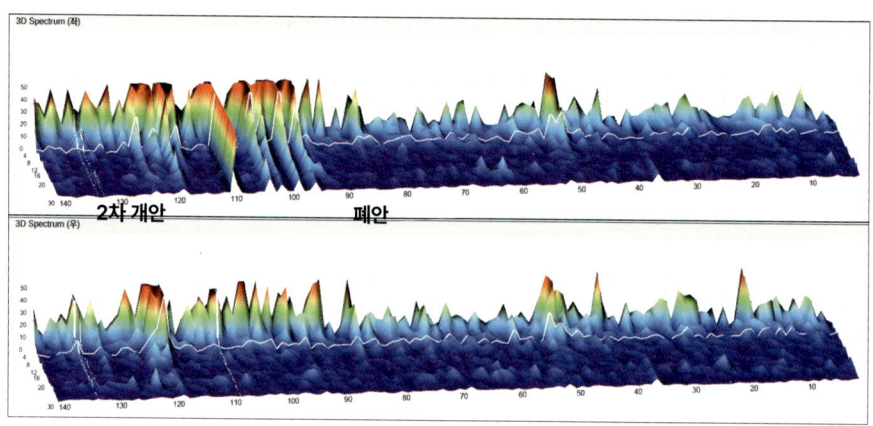

훈련 전 틱장애 3D 뉴로스펙

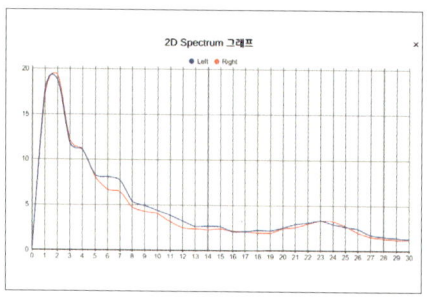
폐안 시 2D스펙트럼 그래프

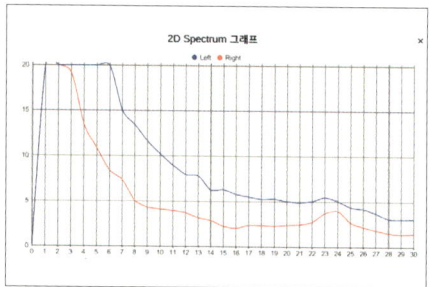
2차 개안 시 2D스펙트럼 그래프

틱 증상은 뇌의 특정 영역에서의 신경 활동 이상과 밀접하게 관련되어 있다. Vander Salm 등(2018)은 틱 억제와 관련된 기능적 자기공명영상(fMRI) 연구를 실시한 결과, 기저핵과 시상, 그리고 이와 연결된 다양한 대뇌 피질 부위들에서 의미 있는 변화가 관찰되었다.

틱 증상이 심해질수록 베타파와 감마파 대역에서 과활성이 나타나며, 이러한 양상은 흥분 상태나 정서적 불안이 커질 때 더욱 악화되는 경향을 보인다. 뉴로스펙으로 분석한 폐안 시 2D 스펙트럼 그래프에서는 베타파의 과활성이 관찰되었으며, 2차 개안 시 서파의 좌우뇌 연결 이상도 확인되었다. 특히, 좌측 뇌의 신호가 더 강하게 나타나 자극 처리와 운동 반응에 문제가 있음을 알 수 있다.

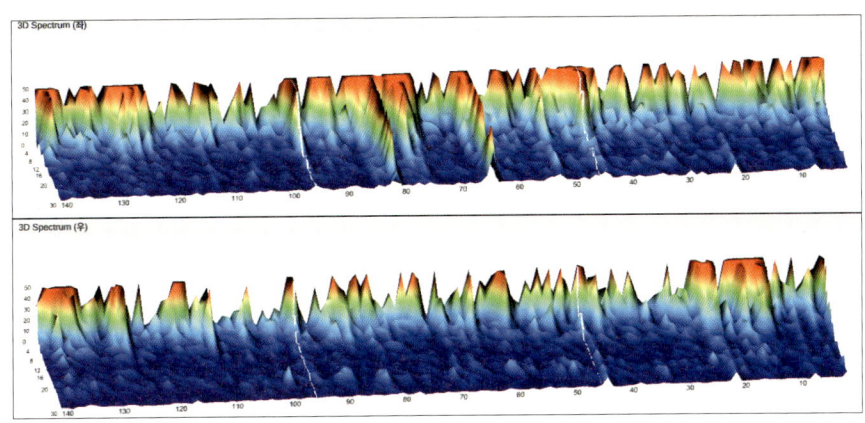

훈련 1개월 된 뉴로스펙 3D 뇌파

Naro 등(2020)은 만성 틱 장애와 뚜렛 장애 환자의 인지 억제 수행 능력을 비교한 연구에서, 전두-두정 네트워크의 기능적 연결성이 감소할수록 틱 증상의 심각성이 증가하는 경향을 보고하였다. 특히 델타파(1–4Hz) 및 베타파(20–30Hz) 대역에서 전두-두정 네트워크의 연결성이 저하되었으며, 이러한 변화는 틱 증상의 강도와 밀접하게 관련되어 있었다.

또한, 좌뇌의 과활성은 틱 증상의 빈도와 강도를 증가시키는 주요 요인 중 하나로 작용할 수 있다. 좌뇌는 논리적 사고, 언어 처리, 행동 계획 및 실행, 그리고 충동 억제 기능을 담당하는 영역인데, 틱 장애 아동에서 좌뇌가 과도하게 활성화되면 뇌가 만성적으로 각성된 상태에 머물며 충동적 행동과 불수의적 움직임을 조절하는 데 어려움을 겪는다. 뿐만 아니라, 좌뇌의 과활성은 스트레스와 불안을 증가시켜 정서적 긴장 상태를 유발하며, 이는 틱 증상을 더욱 악화시키는 요인으로 작용할 수 있다.

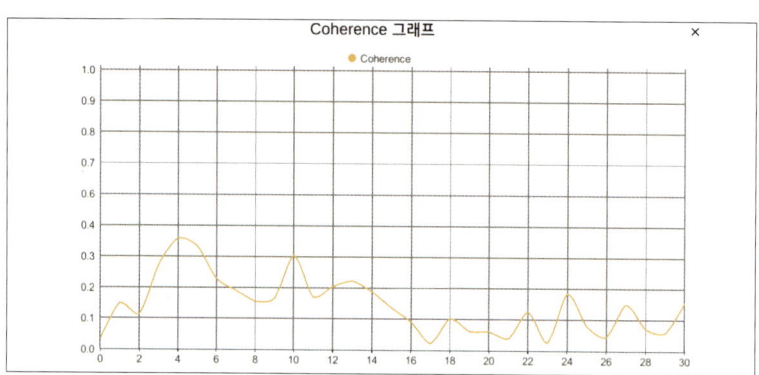

훈련 전 코히어런스 그래프

　코히어런스 값이 낮다는 것은 뇌파 신호 간의 연결성과 동기화 수준이 부족하다는 것을 의미한다. 코히어런스는 뇌의 여러 부위가 얼마나 협력적으로 작동하는지를 보여주는 지표로, 특히 폐안 시 연령별 지배 주파수에서 값이 1.0에 가까울수록 이상적인 상태로 평가된다.

　틱 장애 아동의 경우, 전두엽, 기저핵, 변연계 등 운동 조절과 감정 조절에 관여하는 뇌 영역 간의 연결이 약화되는 경향이 있다. 코히어런스 값이 낮으면 뇌 영역 간 정보 전달이 원활하지 않아 신경망이 통합적으로 작동하지 못하며, 충동 조절과 운동 조절 능력을 저하시켜 틱 증상을 통제하기 어렵게 만드는 원인이 된다.

> **Q 틱장애 아동의 검사 후 어떤 훈련 방법으로 진행되나요?**

    차분한 성격과 완벽주의적 성향을 가진 아동에게 호흡 훈련과 뇌파의 중요성을 이해시키는 것은 매우 중요하다. 호흡 훈련은 신체 이완을 촉진하고 자율신경계를 조절하여 과도한 스트레스를 완화하는 데 도움을 주며, 규칙적이고 깊은 호흡은 뇌의 전두엽 활동을 안정시키고 전반적인 뇌 균형을 맞추는 데 중요한 역할을 한다. 이를 통해 감정과 행동을 조절하는 능력을 기를 수 있다.
    브레인헬스 훈련을 시작하기에 앞서, 뇌파를 측정하여 아동의 심리적·신체적 증상을 설명한 후 이를 기반으로 훈련을 진행하였다. 특히, 좌뇌의 신체적 긴장도가 높게 나타났기 때문에 훈련 전 온몸의 힘을 빼는 방법을 안내하고 이완 훈련을 유도하였다.
    또한, 좌우뇌의 불균형이 관찰되는 틱장애 아동의 경우, 훈련 점수가 원활히 나오지 않을 수 있음을 사전에 안내하면 아동의 불안과 긴장감을 줄이는 데 도움이 된다. 운동신경 발달을 위한 활쏘기 집중력 훈련에서는 노란색 명중이 아니면 화살이 과녁 밖으로 나가는 현상이 자주 나타났는데, 이는 정보 출력이 원활하지 않음을 의미한다.
    그러나 약 3개월간 꾸준히 훈련을 진행하면서 좌우뇌의 균형이 점차 회복되었고, 훈련 점수 역시 점진적으로 안정되면서 긍정적인 변화를 확인할 수 있었다.

　뇌건강 2단계 훈련은 이미지 테라피와 최면 요법이 결합된 자기 강화 훈련으로, 긍정적인 자기 암시를 통해 뇌 기능을 조절하는 데 초점을 맞춘다. 이 과정에서는 태양의 빛이 뇌세포와 온몸을 빛으로 변환시키는 상상을 유도하며, 이를 통해 아동이 심리적 안정감을 얻고 자기 조절 능력을 강화하도록 돕는다.

　아동은 이 과정을 통해 스스로 뇌의 변화를 느끼고 알아차리는 경험을 하게 되며, 이를 바탕으로 자신이 뇌를 조절할 수 있다는 긍정적인 인식을 형성하게 된다.

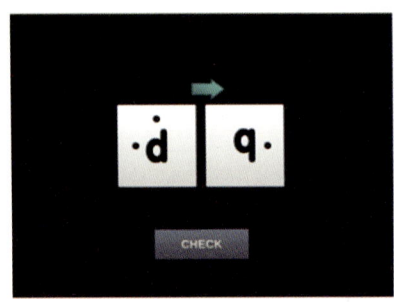
1단계

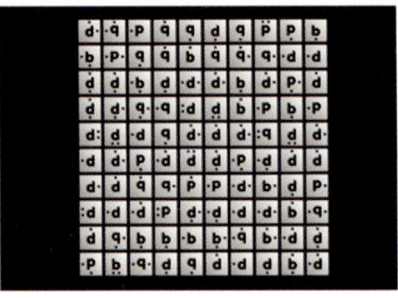
2단계

　코그훈련(COG 훈련) 중 D2-1 방향성 주의력 훈련과 D2-2 선택형 주의력 훈련은 틱장애 아동에게 매우 효과적인 프로그램으로, 아동의 주의력을 강화하고 틱 증상을 조절하는 데 중요한 역할을 한다.

　D2-1 방향성 주의력 훈련은 특정 방향으로 주의를 집중하도록 유도하며, 주어진 자극에 반응하는 과정을 통해 시각적 탐색 능력과 주의력 전환 능력을 향상시킨다.

　D2-2 선택형 주의력 훈련은 여러 자극 중에서 필요한 정보를 선별하고, 이에 빠르고 정확하게 반응하는 능력을 키우는 과정이다. 이 훈련을 통해 불필요한 자극을 배제하고 목표에 집중하는 능력을 강화하여 틱 증상 통제에 도움을 준다.

Q

틱장애 아동의 훈련후 어떠한 변화가 있었나요?

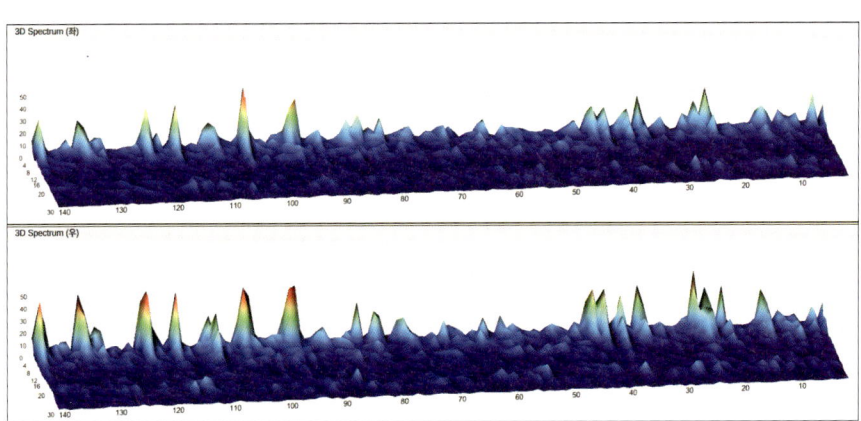

뉴로하모니 뉴로피드백 훈련10개월 된 뉴로스펙 뇌파

　훈련 3개월 동안 좌우뇌 균형이 맞춰지는 과정에서 베타파의 과활성이 관찰되었다. 훈련 중 안구 움직임이 심화되었으며, 틱 증상 또한 특정한 형태로 고정되지 않고 코를 씰룩거리거나 손을 떠는 등 다양한 양상으로 변화하는 모습을 보였다. 뇌파 패턴 역시 이러한 틱 증상의 변화와 함께 변동을 보였으나, 주 2회씩 10개월간 지속적인 훈련을 진행한 결과, 뇌파가 점차 안정화되며 틱 증상이 완화되는 경향이 나타났다.

　훈련 초기 부모 상담에서는 증상이 점진적으로 개선되지 않고 계단식으로 변화할 수 있음을 설명하며, 훈련 기간을 12개월로 설정하였다. 임상 경험에 따르면, 3개월 단위로 증상이 개선되었다가 일시적으로 퇴행하는 양상이 반복되는 경우가 많다. 이러한 변화는 훈련 과정에서 흔히 나타나는 현상으로, 일시적인 퇴행은 최종적인 호전 과정의 일부로 이해될 필요가 있다.

　따라서 훈련 중 증상이 일시적으로 악화되더라도 이를 과정의 일부로 받아들이며 꾸준히 진행하는 것이 중요하다.

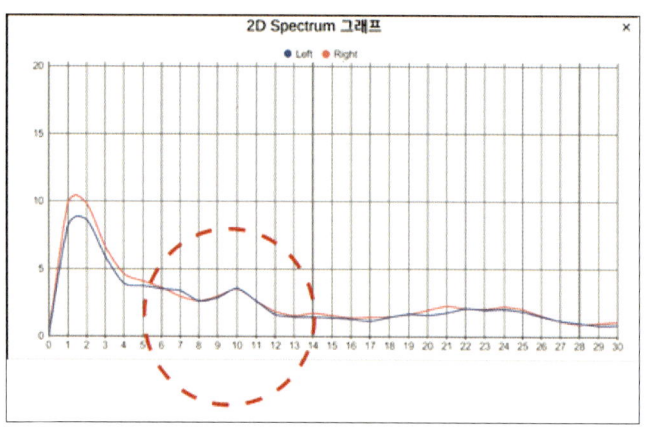

훈련 10개월 후 폐안시 2D 스펙트럼 그래프

    11세의 평균 연령 표준 기초율동 값은 9Hz이다. 뉴로하모니 뉴로피드백 훈련을 10개월 동안 진행한 결과, 10Hz에서 피크점이 형성되었다. 이는 1초에 10번의 정보를 처리할 수 있다는 의미로, 지능 향상과 연결될 수 있다.

    훈련 전에는 강한 서파로 인해 기초율동이 뚜렷하게 나타나지 않았으나, 뇌파가 점차 안정되면서 정확히 10Hz의 피크점이 형성되었다. 특히, 학령기 학생들에게 이러한 변화는 학습 및 인지 발달에 중요한 영향을 미칠 수 있다.

    뉴로피드백 훈련은 단순히 증상을 완화하는 것에 그치지 않고, 뇌의 정보 처리 속도를 향상시키는 데 도움을 준다.

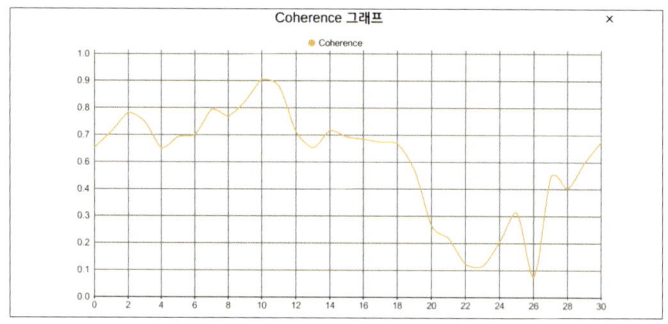

훈련 후 코히어런스 그래프

    좌우뇌 균형이 맞춰지면서 코히어런스(coherence) 값이 상승하였다. 이는 뇌의 양쪽 반구 간 정보 전달과 신경 연결성이 더욱 원활해졌음을 의미하며, 전반적인 뇌 기능의 조화로운 발달을 나타낸다.

사례 5. 글씨가 자꾸 움직여요
난독증

글을 읽는 것은 뇌의 춤이다.

문장을 따라 눈을 움직이는 것은 단순한 행동이 아니다. 글자는 하나의 리듬을 가지고 있고, 그 리듬을 따라 읽는 것은 마치 뇌가 춤을 추는 것과 같다. 그러나 어떤 아이들에게는 이 춤이 쉽지 않다. 단어가 흐릿하게 보이거나, 글자들이 자꾸 움직이는 듯한 착각이 들고, 문장을 끝까지 읽기도 전에 앞부분을 잊어버린다. 다른 아이들은 자연스럽게 따라가는 글자의 흐름이, 난독증을 가진 아이들에게는 마치 깨진 리듬처럼 불규칙하게 느껴진다.

난독증은 단순한 읽기 문제가 아니라, 뇌의 신경학적 회로에서 정보가 전달되는 방식의 차이에서 비롯된다. 글자를 해석하고 음운을 연결하는 과정에서 좌뇌의 특정 영역이 원활하게 활성화되지 않거나, 좌우뇌의 협력이 충분하지 않을 때 읽기는 더욱 어렵게 느껴진다.

그러나 뇌는 변할 수 있다. 혼란스럽던 글자들이 점차 정리되고, 뇌가 그 흐름을 따라가기 시작하는 순간, 뇌의 읽기 회로는 활성화되며 좌뇌의 정보 처리 속도도 높아져 글자의 흐름을 보다 안정적으로 인식할 수 있다.

난독증이란 지능, 시력, 청력 등이 모두 정상임에도 불구하고, 언어와 관계되는 신경학적 정보 처리 과정의 문제로 인해 글을 원활하게 읽고 이해하는 데 효율성이 떨어지는 읽기 장애 증상을 말한다.

첫째, 난독증을 가진 사람들은 단어를 정확하게 인식하거나 빠르게 읽는 데 어려움을 겪는다. 단어를 소리 내어 읽을 때 발음이나 음절 인식에 어려움이 있으며, 새로운 단어나 복잡한 단어를 읽는 데 시간이 오래 걸린다.

둘째, 철자 및 글쓰기 문제가 나타난다. 철자를 잘못 쓰거나 철자법 규칙을 기억하지 못하는 경우가 많은데, 이는 소리와 문자를 일관되게 연결하는 데 어려움을 겪기 때문이다. 이러한 어려움은 단순 실수가 아닌, 난독증에서 발생하는 본질적인 문제이다.

셋째, 난독증은 음운론적 처리에 어려움이 있어 단어의 소리와 문자를 연결하는 과정이 비효율적이다. 이는 읽기 학습 초기 단계에서 중요한 역할을 하는데, 이 과정이 제대로 이루어지지 않으면 읽기에 큰 어려움이 발생한다. 또한, 읽는 속도와 유창성이 저하되는 경향이 있다. 난독증을 가진 사람들은 글을 빠르고 유창하게 읽는 데 어려움을 겪으며, 이는 이해력 문제라기보다는 읽기 과정에서의 기계적인 어려움에서 비롯된다.

신경학적 관점에서 보면, 난독증을 가진 사람들은 시각적, 청각적 정보를 처리하는 방식에 차이가 나타난다. 뇌의 특정 영역, 특히 좌측 측두엽과 후두엽 등에서 언어 정보의 분석과 해석 과정이 비효율적으로 이루어지며, 언어 정보를 처리하는 연결이 약하거나 지연되는 현상과 관련이 있다. 특히 음운론적 처리(소리를 인식하고 이를 문자와 연결하는 능력)에 어려움을 겪으며, 시각 정보와 청각 정보를 통합하는 데 시간이 더 걸린다. 이로 인해 읽기와 쓰기 과정에서 오랫동안 집중력 저하나 혼란을 경험할 수 있다.

사례
[난독증]

　30대 직장인 여성 OO은 난독증(Dyslexia)으로 인해 업무 수행에 어려움을 겪고 있다. 문서를 읽거나 이메일을 작성하는 과정에서 글자를 혼동하거나 단어를 빠뜨리는 일이 잦아, 업무 속도가 느리고 실수가 많다. 이러한 문제로 인해 자신감이 떨어지고, 업무에 대한 스트레스가 커지고 있다.

　OO은 회의 자료나 보고서를 읽을 때 내용을 한 번에 이해하기 어려워 여러 번 반복해서 읽어야 한다. 긴 문장을 해독하는 데 시간이 오래 걸리며, 중요한 정보를 빠르게 파악하는 것도 어렵다. 이메일이나 문서를 작성할 때 맞춤법이나 문장 구성이 어색해지는 경우가 많아, 작성한 내용을 여러 번 수정해야 한다. 이러한 과정이 반복되면서 업무 효율이 낮아지고 피로감이 심화되고 있다.

　또한, 동료들과의 협업에서도 부담을 느낀다. 즉석에서 문서를 검토하거나 빠르게 의견을 정리해야 할 때 긴장감이 높아지며, 실수를 할까 봐 불안해한다. 특히 공식적인 자리에서 읽기 실수가 발생하면 위축되고, 반복된 실패 경험이 자존감 저하로 이어지고 있다.

　심리적으로는 업무 수행에 대한 불안감이 크고, 과도한 노력에도 원하는 성과를 얻지 못한다는 좌절감이 쌓이고 있다. 집중력이 쉽게 흐트러지고, 업무에 대한 피로감이 누적되면서 전반적인 업무 만족도 역시 낮아지고 있다.

Q 틱장애 아동의 훈련후 어떠한 변화가 있었나요?

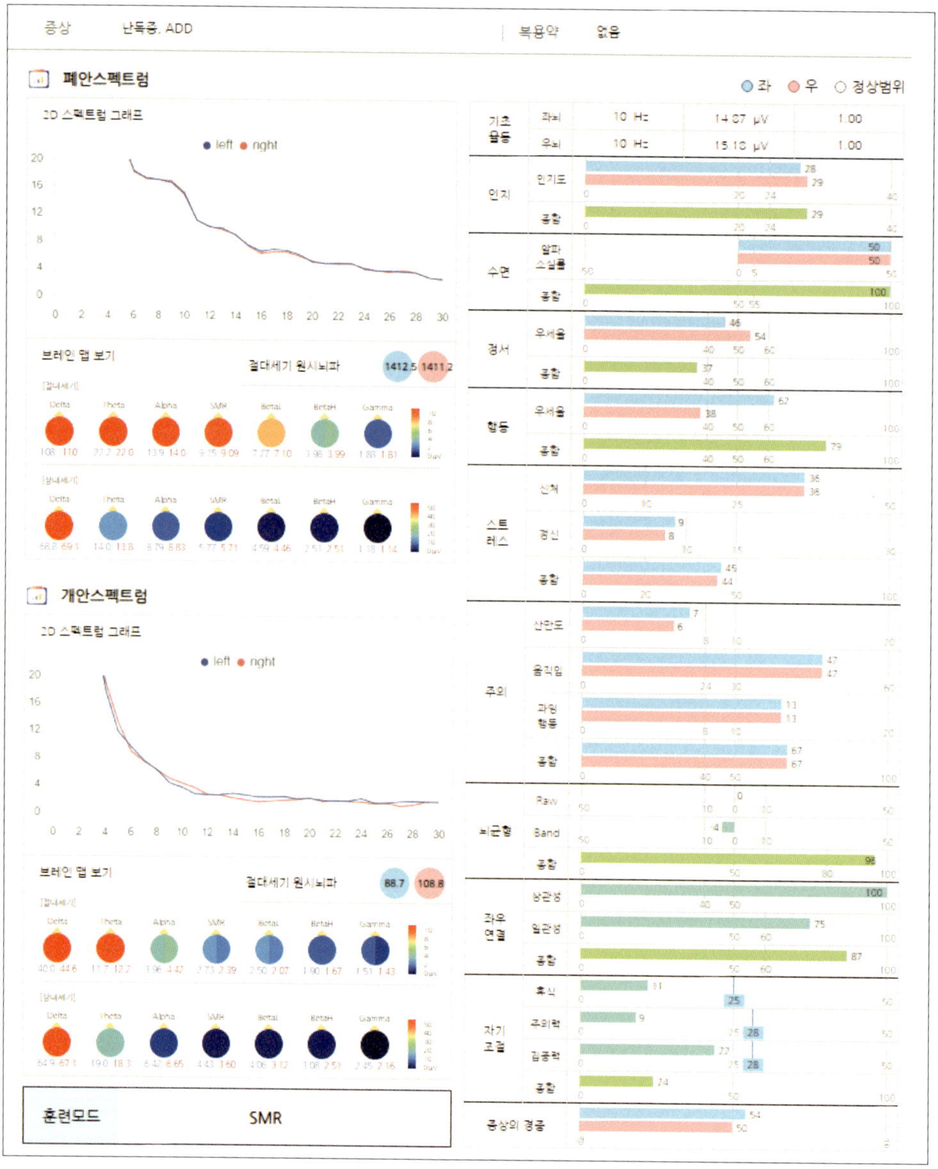

난독증 뇌기능검사

난독증 검사를 위해 BQ2 뇌기능검사를 통해 신경학적 특징을 파악하고, 난독증 척도 검사(ToDik 프로그램)를 함께 진행하여 읽기, 쓰기, 시지각 처리, 언어 능력, 기억력, 주의력 등 난독증 관련 핵심 요소를 평가할 수 있다.

난독증을 가진 피검자의 뇌파를 분석한 결과, 개안과 폐안 상태를 불문하고 서파가 강하게 나타나는 특징이 확인되었다. 특히 개안 상태에서 서파의 전압이 더 높게 관찰된 점으로 보아, 시각 정보를 처리하는 과정에서 눈의 피로가 중요한 요인으로 작용했음을 알 수 있다. 이는 난독증이 단순히 언어적 처리의 문제에 국한되지 않으며, 시지각 정보의 효율적 통합에도 어려움이 있을 가능성이 크다.

또한, 정서적 불안정과 그로 인한 과도한 스트레스를 받고 있으며, 자기조절 지수가 낮게 나타났다. 세타파가 비정상적으로 높을 경우, 집중력과 정보 처리 속도가 저하되어 글자를 읽을 때 인식 속도가 느려지고 이해도가 떨어진다. 폐안 시에도 서파가 지속적으로 출현하면, 뇌가 안정적이지 못하고 시각적 정보 처리가 원활하게 이루어지지 않을 수 있다.

난독증은 지능이나 전반적인 인지 기능에는 문제가 없으나, 읽기 과정에서 반복적인 실수를 경험하면서 스스로 머리가 나쁘다고 인식하게 되고, 이로 인해 자존감이 낮아지는 경향이 있다.

난독증 척도 검사(ToDik 프로그램) 결과, 피검자는 글자 인식, 자동성과 유창성, 읽기 이해 및 부수적 요인에서 난독증에 해당하는 특징을 보였다. 글자 인식에서 어려움을 보였으며, 자동성과 유창성이 부족하여 글을 읽는 속도가 느리고 부자연스러웠다. 또한, 읽기 이해력에서도 낮은 점수를 기록하여 글을 정확하게 해독하더라도 내용을 파악하는 데 어려움이 나타났다. 부수적 요인에서도 난독증과 관련된 특성이 확인되어, 학습 과정에서 전반적인 읽기 능력의 저하가 관찰되었다.

이는 시지각 처리, 언어 정보 통합, 읽기 자동화 과정에서의 어려움이 난독증과 연관되어 있음을 보여준다.

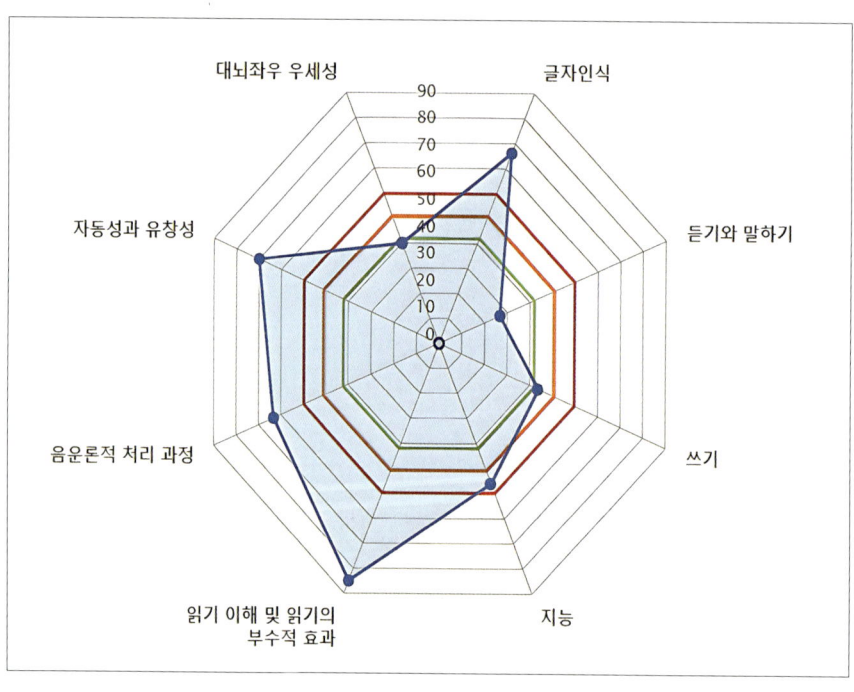

난독증 선별검사 프로그램(난독증 척도 검사 ToDik program)

난독증 요인 8가지 검사 영역

1. 글자 인식 요인 : 글자를 읽을 때, 내용을 지각하고 이해하는데 필요한 요인

2. 듣기와 말하기 요인 : 말을 듣고 이해하는 것과 말로서 의사를 표현하는데 필요 한 요인

3. 쓰기 요인 : 생각이나 정보를 글로 표현하는데 필요한 요인

4. 지능 요인 : 학습이나 문제 해결을 위한 이해, 기억, 추론, 판단 등의 인지적 요인

5. 읽기 이해 및 읽기의 부수적 효과 요인 : 읽기 이해에 필요한 내용 이해력 및 심리적 , 신체적 요인

6. 음운론적 처리 과정 요인 : 음소 음운을 지각하고 언어의 소리로 처리하는 기능과 관련된 요인

7. 자동성과 유창성 요인 : 읽기의 정확성, 속도, 리듬감 등과 관련된 요인

8. 대뇌좌우 우세성 요인 : 대뇌 좌우 균형 및 우세성 발달과 관련된 요인

    난독증 척도 검사 ToDik(Testing of Dyslexia Indicator for Korean) 프로그램은 난독증(읽기 장애) 선별을 위한 평가 도구로, 개인의 읽기 능력, 자동성과 유창성, 이해력, 시지각 기능, 주의력 등을 종합적으로 측정하여 난독증 여부와 그 정도를 판단하는 검사이다.

  이 프로그램은 한국어 난독증 특성에 맞춰 개발되었으며, 난독증의 신경학적 및 인지적 요인을 분석하여 학습자의 읽기 및 학습 능력에 대한 개별적인 평가를 제공한다. 이를 통해 난독증이 있는 아동이나 성인이 겪는 읽기 문제를 조기에 발견하고, 맞춤형 학습 전략을 수립하는 데 활용된다.

난독증 성인의 검사 후 어떤 훈련 방법으로 진행되나요?

　　훈련 계획은 총 12개월 동안 진행되었으며, 초기 6개월 동안은 주 2회, 이후 6개월 동안은 주 1회씩 뉴로하모니 뉴로피드백 훈련을 실시하였다. 훈련 초기에는 서파를 감소시키는 데 중점을 두었으며, 브레인 헬스 훈련을 통해 서파 활동을 효과적으로 줄였다. 서파가 감소한 이후에는 코그 훈련을 통해 D2-1 방향성 주의력 훈련과 D2 선택형 주의력 훈련을 진행하였으며, 난독증 성인의 시지각 능력에 긍정적인 영향을 미쳤다.

　　난독증은 문자와 언어를 처리하는 과정에서 어려움을 겪는 학습 장애로, 시지각 문제가 중요한 원인 중 하나로 지목된다. 코그 훈련은 시각적 주의력과 정보 처리 능력을 강화하여 학습 능력 향상에 실질적인 도움을 줄 수 있었다. 이후 속독(스피드 리딩) 훈련을 통해 읽기 속도와 이해력도 크게 향상되었다.

　　각 훈련 세션마다 읽기 테스트를 실시하여 읽기 속도와 이해도를 평가하였으며, 훈련의 진행 상황을 점검하고 훈련자가 자신의 난독증이 개선되고 있음을 스스로 인식하도록 도왔다. 훈련 후에는 뇌의 각성 상태를 인식할 수 있도록 지도하였고, 뇌파 측정을 통해 각성 수준의 변화를 모니터링하였다. 이러한 과정은 뇌의 상태와 읽기 능력의 변화를 지속적으로 추적하며, 훈련의 효과를 객관적으로 확인할 수 있도록 하였다.

　　호흡 훈련을 통해 뇌에 충분한 산소를 공급하는 것은 눈의 피로를 줄이는 데 큰 도움이 된다. 초당 호흡 시간을 조절하여 점진적으로 길게 하였으며, 뇌이완 훈련은 3단계를 거친 후 눈의 편안함을 더욱 두드러지게 느낄 수 있는 4단계를 중심으로 진행하였다.

브레인헬스 훈련 중 행성 기억하기 훈련

브레인헬스 훈련 중 뇌 이완과 집중력 훈련은 정보의 입력과 출력을 강화하는 중요한 과정이지만, 특히 언어 영역이 측두엽에 위치하고 있기 때문에 행성 기억하기 훈련에 더 많은 집중을 기울였다. 이 훈련은 언어 처리 능력과 관련된 뇌영역을 활성화시키며, 기억력 향상과 함께 언어 이해력 개선에도 도움을 줄 수 있다.

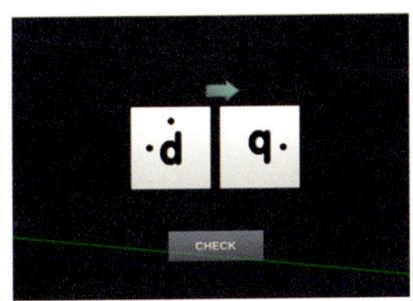
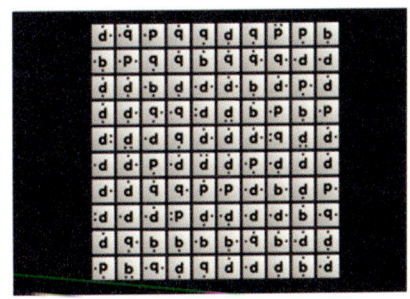

1단계   2단계

신경인지훈련 <Cog Train D2>

코그 D2 훈련은 난독증 개선에 중요한 역할을 할 수 있다. 이 훈련은 주로 주의력과 시지각 능력을 향상시키는 데 중점을 둔다. D2 훈련은 여러 시각적 자극을 빠르게 인식하고, 선택적 주의력을 발휘하여 목표 자극을 정확하게 구별하는 훈련이다. 난독증을 가진 사람들은 시각적 정보 처리와 주의력에서 어려움을 겪는 경우가 많기 때문에, 이 훈련은 서파를 조절하여 인지 능력을 향상시키는 데 도움을 준다.

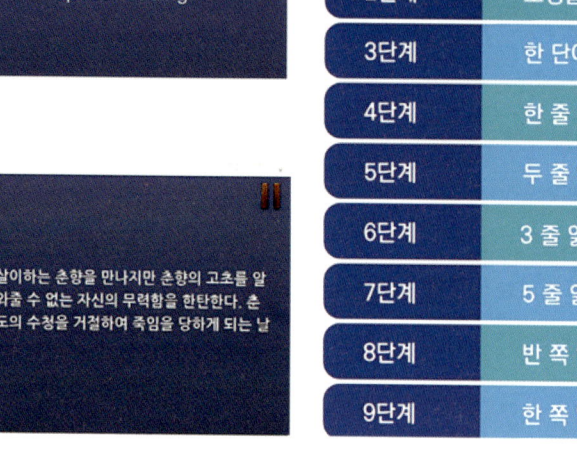

　뉴로하모니의 스피드리딩(속독) 훈련은 난독증 개선에 효과적인 방법으로 주목 받고 있다. 난독증 증상이 있는 사람은 주로 읽기 속도가 느리고 이해력이 부족한 어려움을 겪는데, 속독 훈련은 이 문제를 해결하는 데 중점을 둔다. 이 훈련은 시각적 처리 능력을 향상시켜 글자를 빠르게 인식하고, 의미를 효율적으로 처리하도록 돕는다.

　속독 훈련은 읽기 흐름을 개선하여 자주 멈추거나 되돌려 읽는 경향을 줄이고, 자연스럽게 텍스트를 읽어 나갈 수 있도록 한다. 정보를 처리하는 반응 시간이 단축되어 읽기 과정의 효율성이 증가한다. 무엇보다 중요한 정보를 놓치지 않고 텍스트 내용을 정확히 파악할 수 있는 읽기 이해력을 강화하는 데 크게 기여한다.

Q
난독증 성인의 훈련 후 어떠한 변화가 있었나요?

난독증 사례에서 뉴로피드백 훈련을 통해 관찰된 주요 변화는 다음과 같다.

첫째, 서파(Delta, Theta파)의 감소가 두드러졌다. 사례자의 경우 서파가 과도하게 활성화되어 뇌의 각성 상태가 부족했으며, 이로 인해 집중력 저하와 학습에 필요한 인지 능력이 비효율적으로 나타났다. 뉴로하모니 뉴로피드백 훈련을 통해 서파 활동이 현저히 감소하면서 뇌의 각성 상태가 크게 개선되었고, 읽기 능력과 집중력이 향상되었다. 특히 폐안 시 출현한 서파가 먼저 사라지면서 뇌가 정보 처리에 필요한 에너지를 효율적으로 사용하게 되었다.

둘째, 베타파와 알파파의 안정적인 출현이 관찰되었다. 초기 훈련 단계에서는 베타파가 과도하거나 알파파가 부족한 상태를 보였다. 과도한 베타파는 불안과 스트레스를 유발하며, 알파파 부족은 뇌의 이완을 방해하여 학습을 어렵게 한다. 훈련 결과, 베타파의 전압이 안정적으로 낮아졌고, 폐안 상태에서 알파파가 자연스럽게 나타나면서 보다 안정된 집중 환경이 조성되었다.

셋째, 훈련 중 좌우뇌 비대칭이 나타났다. 이 시점에서는 훈련 점수가 현저히 낮아지고, 정서적 감정 조절에도 어려움을 겪는 모습이 관찰되었다. 비대칭이 심할 경우 글자를 읽는 데 시간이 오래 걸리거나, 읽기 속도 및 정확성에서 어려움을 겪는 등 퇴행적인 경향이 나타났다. 그러나 여러 단계를 거치면서 좌뇌와 우뇌의 활동 균형이 점차 조정되었고, 언어 처리와 관련된 신경 활동이 정상적으로 활성화되었다. 이러한 변화는 읽기 능력뿐만 아니라 전반적인 언어 처리 능력을 개선하는 데 중요한 역할을 했다.

마지막으로, 인지 능력 향상이 뚜렷했다. 훈련을 진행하면서 읽기 속도, 정확성, 이해력이 모두 크게 개선되었고, 텍스트를 처리하는 데 필요한 뇌의 효율성이 눈에 띄게 증가하였다. 뇌파 분석을 통해 이러한 변화를 실시간으로 확인할 수 있었으며, 사례자는 훈련 과정에서 자신의 읽기 능력이 크게 향상되었음을 스스로 느낄 수 있었다.

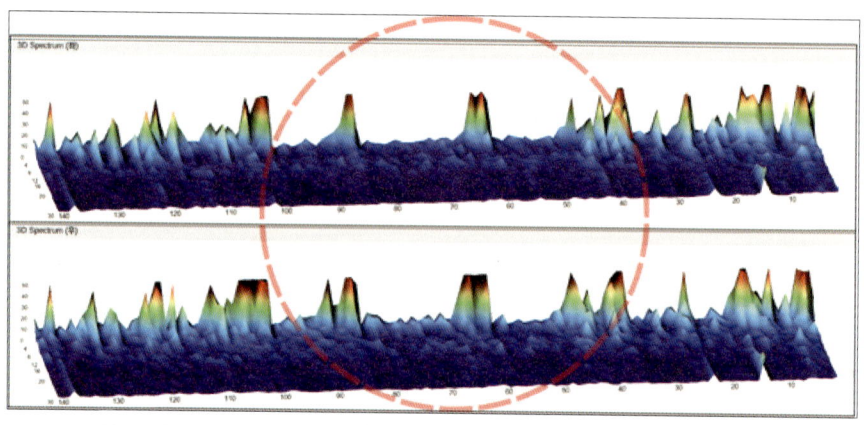

훈련 7개월 째 뉴로스펙 뇌파

  브레인헬스 훈련 5개월이 지나면서 개안 시 출현하던 서파는 사라졌지만, 폐안 시 간헐적으로 나타나는 서파는 계속 관찰되었다. 폐안 상태에서의 안구 움직임은 비정상적인 시각적 탐색이나 불규칙한 눈의 움직임을 의미한다.

  시지각 난독증이 있는 사람은 시각적 정보 처리 과정에서 뇌가 안구 움직임을 적절히 제어하지 못하거나, 안구 움직임이 과도하게 활성화되어 시각적 안정성이 저하되는 경향을 보인다.

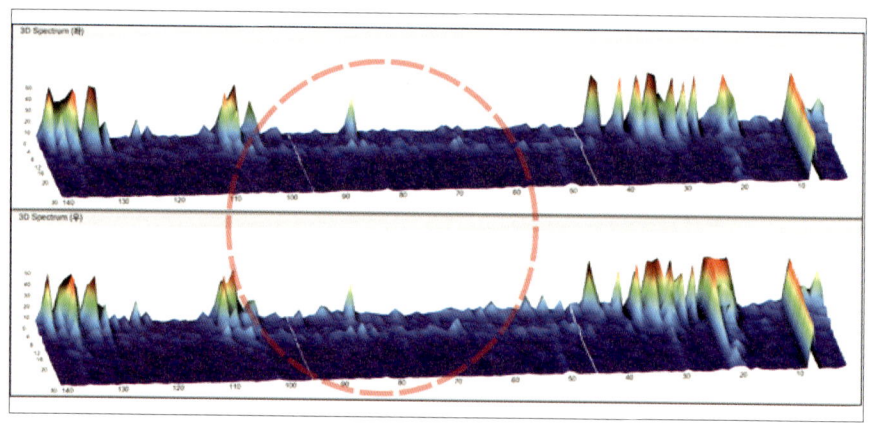

훈련 12개월 째 뉴로스펙 뇌파

  스피드리딩, 즉 속독 훈련이 진행되면서 폐안 시 간헐적으로 나타나던 서파가 사라지고 알파파가 출현하기 시작하였다. 이 과정에서 기초 율동이 10Hz로 정확히 나타났으며, 훈련을 통해 책을 읽을 때의 멍한 상태에서 벗어나 맑은 상태로 글을 읽는 자신을 스스로 알아차리게 되었다.

사례 6. 무기력하고 아무것도 하기 싫어요
우울증

감정은 뇌의 리듬 속에서 살아난다.

어떤 날은 아침이 와도 깨어나기가 힘들다. 창밖의 빛이 스며들어도 눈을 뜨고 싶지 않고, 해야 할 일들이 머릿속을 스쳐가지만 손끝 하나 움직이고 싶지않다. 모든 것이 멀어지고, 말도, 표정도, 감정도 희미해진다. 사람들의 웃음소리가 들려도 내 안에는 울림이 없다. 마치 깊은 물속에 잠긴 것처럼, 세상과 나 사이에 보이지 않는 거리가 생긴다.

우울증은 단순한 기분 저하가 아니다. 뇌의 리듬이 깨지고 감정이 흐름을 잃은 상태다. 우울감을 겪는 사람들의 뇌를 들여다보면, 좌뇌와 우뇌의 알파파가 비대칭을 이루고, 활력을 담당하는 베타파가 부족한 경우가 많다. 뇌의 리듬이 느려지면 사고가 둔해지고, 무기력함이 깊어지며, 감정의 색깔이 점점 옅어져 간다.

하지만 감정은 원래 흘러가는 것이다.
지금은 멈춰 있지만, 다시 흐를 길을 찾을 수 있다.

우울증은 단순히 슬픔이나 기분 저하를 넘어서, 지속적인 우울한 기분, 의욕 상실, 에너지 부족, 집중력 저하 등의 증상을 동반하는 정신적 장애이다. 이는 삶의 여러 측면에 심각한 영향을 미칠 수 있으며, 개인의 사회적 관계, 직업, 학업 및 건강에 장애를 일으킬 수 있다.

이는 뇌의 신경전달물질, 특히 세로토닌, 도파민, 노르에피네프린의 불균형에 의해 발생하는 것으로 알려져 있다. 이러한 신경전달물질들은 감정과 행동을 조절하는 역할을 하며, 이들의 불균형이 감정 조절의 어려움을 초래할 수 있다. 또한, 뇌의 특정 부위, 예를 들어 전두엽과 편도체의 기능 저하가 주요 원인으로 제시되기도 한다. 전두엽은 감정 조절 및 의사 결정에 중요한 역할을 하며, 편도체는 감정적 반응을 처리하는데 관여한다. 이 두 부위의 기능 저하는 증상을 악화시킬 수 있다.

특히 청소년기에 나타나는 이 문제는 특히 주목할 필요가 있다. 신경학적, 생리적, 심리적 요인들이 복합적으로 작용하는 청소년기는 뇌의 발달이 활발히 이루어지는 시기이기 때문이다. 청소년들은 감정적 기복이 심하고, 자아 정체성 형성에 어려움을 겪으며, 사회적 관계와 학업 압박에서 큰 스트레스를 받는다.

이 시기의 정서적 불균형은 자아존중감 저하, 사회적 고립, 심리적 불안감을 동반하기 쉽다. 또한, 인지적·감정적 조절을 담당하는 전두엽 영역에서의 불균형이 감정 조절 능력을 약화시키고, 이로 인해 우울한 기분이 지속되기도 한다. 아울러 호르몬변화와 환경적 요인이 결합되어 발병 위험을 높이는 경향을 보인다.

사례
[우울증]

재수를 거쳐 삼수를 하고 있는 ○○씨는 지속적인 학업 스트레스로 인해 우울 증상을 겪고 있다. 오랜 수험 생활로 인해 정신적, 신체적 피로가 누적되었으며, 학습 의욕이 점차 감소하고 있다. 하루 종일 책상에 앉아 있지만 집중이 되지 않고, 성적이 기대만큼 오르지 않아 극심한 무력감을 느끼고 있다.

○○씨는 반복되는 실패 경험으로 인해 자존감이 낮아졌으며, 자신을 무능하다고 평가하는 경향이 강하다. 다른 수험생들과 자신을 비교하며 열등감을 느끼고 있으며, 미래에 대한 불안이 커지면서 불면증과 신체적 긴장도 심화되고 있다. 밤에 쉽게 잠들지 못하고, 잠이 들어도 자주 깨는 등 수면의 질이 떨어지고 있다.

학습 효율이 낮아지면서 하루 종일 공부해도 진도가 나가지 않는다는 느낌을 받고 있으며, 이로 인해 더욱 의욕을 상실하는 악순환이 반복되고 있다. 집중력을 유지하기 어려워 짧은 시간에도 쉽게 피로감을 느끼며, 학습을 포기하고 싶다는 충동을 자주 경험하고 있다.

또한, 감정 기복이 심해지고 사회적 관계에서도 단절된 모습을 보인다. 가족이나 친구들과 대화하는 시간이 줄어들고, 사람을 만나는 것이 부담스럽게 느껴진다. 주변에서 위로의 말을 해도 공감하기 어렵고, 모든 상황이 부정적으로만 보이며 자신이 점점 고립되는 느낌을 받고 있다.

Q 우울증 성인의 훈련전 검사 결과가 어떤가요?

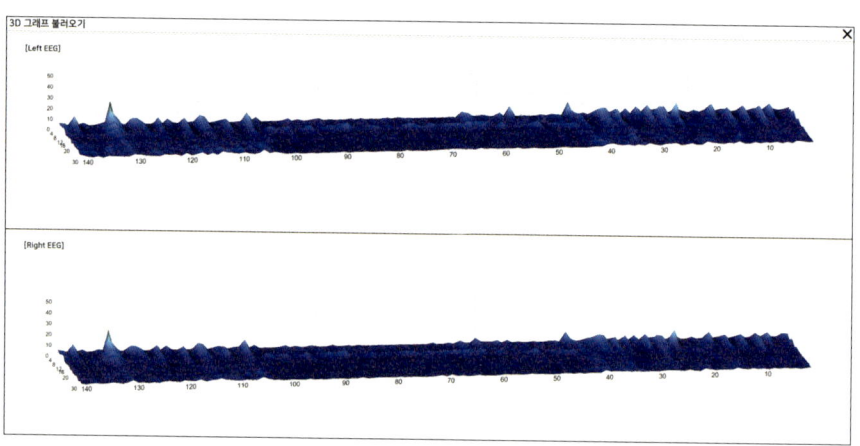

우울증 뉴로스펙 3D 뇌파

　뉴로스펙으로 측정한 뇌파에서는 전체적으로 비활성 뇌파가 나타났으며, 폐안시 알파파 소실과 베타파 비활성은 무기력, 피로, 집중력 저하 등 다양한 증상을 동반하였다. 이러한 증상들은 뇌의 전두엽 기능 변화와 밀접한 관련이 있다. 전두엽은 계획, 의사 결정, 감정 조절 등 고차원적인 인지 기능을 담당하는 영역으로, 우울증의 경우 이 부위의 활동이 저하되는 경향이 나타난다.

　천은진(2013)의 연구에 따르면, 우울증과 관련하여 뇌 기능 이상으로 가장 자주 보고되는 영역은 전전두엽이다. 이들은 전전두엽 기능 저하와 변연계의 과활성을 특징적으로 보이며, 이러한 변화는 감정 조절과 동기 부여의 어려움으로 이어진다.

　특히 우울증 증상의 성인 뇌파 분석에서는 전두엽의 비정상적인 비대칭성이 발견된다. 정상인의 경우 좌측 전두엽이 우측 전두엽보다 상대적으로 활성이 높은 반면, 우울증을 겪고 있는 사람은 이와 반대로 좌측 전두엽의 활성 저하와 우측 전두엽의 상대적 과활성이 관찰된다.

우울증과 관련된 뇌파 변화를 살펴보면, 특정 주파수 대역에서 뚜렷한 패턴이 나타난다.

첫째, 베타파(13~30Hz) 감소는 인지 기능 저하와 연관된다. 베타파는 주의력, 논리적 사고, 문제 해결 능력과 관련된 주파수 대역으로, 주로 전두엽과 두정엽에서 활발하게 나타난다. 그러나 우울증을 겪고 있는 사람은, 이 부위에서 베타파 활성도가 감소하는 경향을 보이며, 이로 인해 집중력 저하, 사고의 둔화, 기억력 감퇴가 발생할 수 있다. 또한, 동기 부족과 무기력이 심화되면서 의사 결정 과정에서도 어려움을 겪을 가능성이 크다.

둘째, 감마파(30Hz 이상) 감소는 기억력 저하와 현실 감각 둔화와 관련된다. 감마파는 기억의 통합, 감각 정보 처리, 현실 인식에 중요한 역할을 한다. 그러나 우울증환자는 감마파가 감소하면서 새로운 정보를 처리하는 속도가 느려지고, 기억력이 약화되며, 현실 감각이 흐려지는 현상이 나타날 수 있다. 이는 현재 상황을 왜곡해 인식하거나, 부정적인 사고 패턴에 빠지는 경향과도 깊이 연결된다.

셋째, 알파파(8~13Hz) 소실 또는 비대칭은 감정 조절 능력 저하와 연관된다. 알파파는 뇌가 안정적인 상태를 유지하고, 스트레스를 조절하며, 감각 자극을 처리하는데 중요한 역할을 하지만 우울증 증상인 있는 사람은 전반적으로 알파파가 감소하거나 불균형한 분포를 보이는 경우가 많다. 특히 알파파의 불균형은 감정 표현 위축 및 외부 자극에 대한 둔감함과 관련이 있으며, 심할 경우 현실과의 단절감을 느끼기도 한다.

> 우울증 성인의 검사 후 어떤 훈련 방법으로 진행되나요?

무기력하고 의욕이 상실된 우울 증상을 보이는 내담자에게는 지속적 훈련의 중요성을 알리고, 뇌파 변화를 상세히 설명하여 이를 각인시키는 과정이 필요하다. 꾸준한 훈련을 위해 변화를 인식하고 동기를 부여하는 것이 중요하다.

뉴로하모니 뉴로피드백 훈련과 함께 미술심리상담을 병행하여, 내담자가 자신의 심리 상태를 그림으로 관찰할 수 있도록 유도하였다. 훈련 과정도 상세히 설명하여 관심을 유도하고, 비활성 뇌파를 안정 뇌파로 변화시키기 위해 호흡 훈련의 중요성을 강조하며 진행하였다.

브레인헬스 훈련을 진행하는 과정에서 뇌파 변화가 심하게 나타났는데, 훈련 전 비활성 뇌파가 훈련이 끝난 후 과활성으로 변하는 등 60분 훈련을 힘겨워하는 모습을 보였다. 주 2회 훈련을 3개월간 지속한 결과, 폐안 시 낮은 전압의 알파파가 출현하는 뇌파 패턴이 나타났다.

3개월간 훈련을 실시한 후 호르몬 밸런스 훈련을 진행하였으며, 훈련을 마치고 나면 기분이 좋아지는 것을 느끼곤 하였다. 호르몬 밸런스 훈련은 신체의 호르몬 균형을 조절하고 뇌를 최적화하는 데 도움을 주는 프로그램이다.

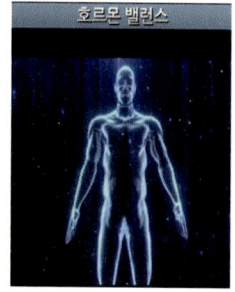 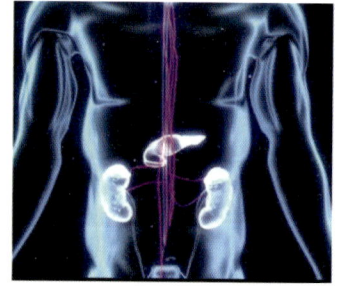

뉴로하모니 호르몬밸런스

뉴로피드백 훈련을 진행하면서 감정 인식의 필요성을 고려하여 미술심리상담을 병행하였다. 시각적 자극 없이 청각 자극을 통해 그림 작업에 몰두하도록 유도하였으며 미술 작업을 통한 감정 표현과 자기 인식을 확장할 수 있도록 도왔다.

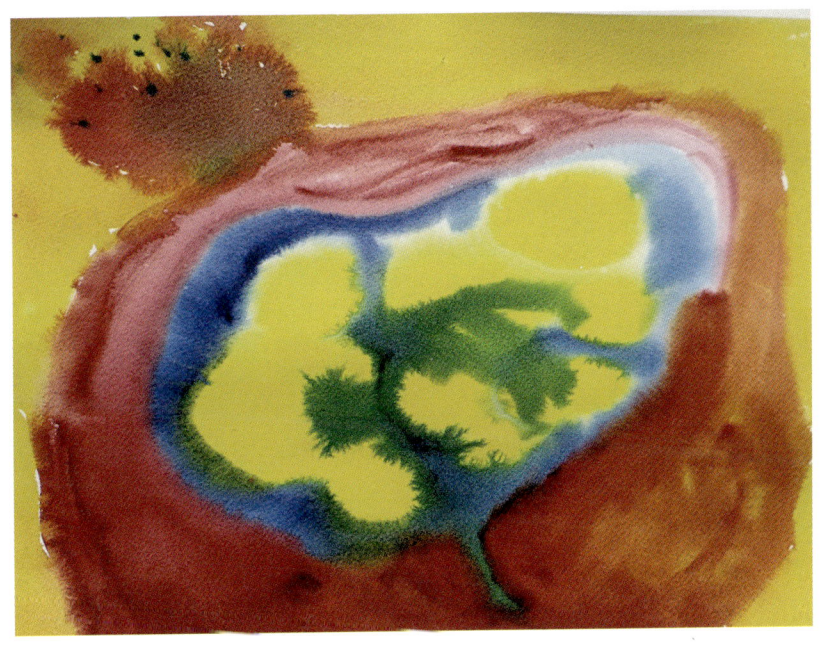

우울증 내담자의 습식 수채화

뉴로하모니 기본 훈련을 병행하며 미술 작업을 진행한 내담자는 다음과 같이 자신의 경험을 표현했다.

"내 안에 갇혀 있던 감정들이 물감처럼 퍼져 나가는 것 같았어요.
그림을 그리면서, 내가 이렇게 슬펐구나, 내가 이만큼 억눌리고 있었구나…
그림이 말을 걸어오는 것 같았어요. 괜찮다고"

우울증 성인의 훈련 후 어떠한 변화가 있었나요?

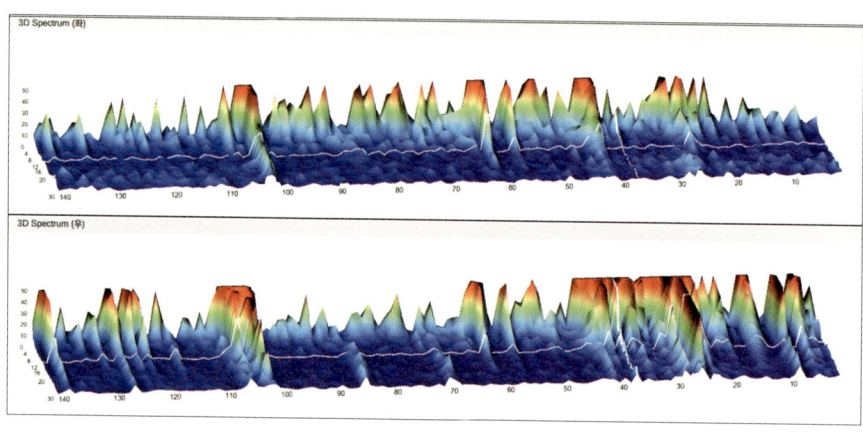

훈련 과정 중 나타난 좌우뇌 불균형 뉴로스펙 뇌파

훈련 과정에서 좌우뇌 불균형 뇌파가 자주 나타났으며, 이에 따라 훈련을 마친 후에는 좌우뇌 균형을 맞추는 훈련을 추가적으로 2회씩 진행하며 균형 조절에 더욱 집중하였다.

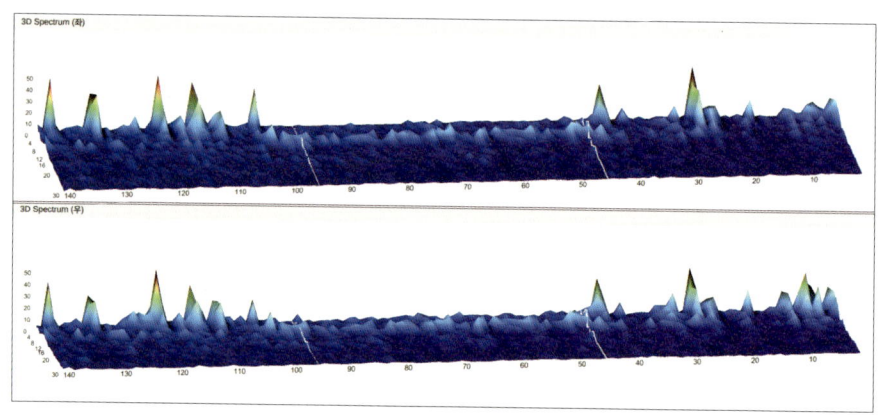

훈련 10개월에 나타난 안정된 뉴로스펙 뇌파

뉴로하모니 뉴로피드백 훈련이 10개월째 접어들면서 폐안 시 알파파가 안정적으로 출현하였으며, 개안 시에도 안정된 베타파가 함께 나타났다.

사례 7. 하루 종일 게임 생각만 나요
게임중독

"중독은 단순한 습관이 아니다.
그것은 영혼을 잠식하는 하나의 패턴이며, 우리는
그 패턴을 깨뜨려야 한다."

유진 페니스톤(Eugene Peniston)

중독은 단순히 특정 행동을 반복하는 문제가 아니다. 그것은 무의식적으로 강화된 신경 회로가 만들어낸 하나의 습관이며, 이 습관은 우리의 정신과 삶을 점점 더 깊숙이 잠식해 간다. 게임 중독 역시 마찬가지이다. 처음에는 단순한 오락으로 시작하지만, 점차 현실보다 더 큰 보상을 기대하게 되면서 현실과 가상의 경계가 흐려지고, 자기조절 능력이 저하되는 현상이 나타난다.

게임 중독은 뇌의 보상 시스템과 깊이 연결되어 있다. 뇌는 보상을 추구하는 성향을 가지고 있으며, 게임을 통해 강한 쾌감과 도파민이 분비될 때 현실보다 가상 세계에서 더 큰 만족을 느끼게 된다. 현실과 가상의 경계가 모호해지는 시대, 우리는 과연 어디에서 진정한 만족을 찾아야 하는가?

뉴로피드백을 통해 중독의 신경학적 메커니즘을 조절하고, 자기조절력을 회복하는 것은 단순한 치료를 넘어, 보다 주체적인 삶을 살아가기 위한 하나의 방법이 될 수 있다.

게임 중독은 디지털 게임이나 비디오 게임을 과도하게 사용함으로써 일상생활의 균형이 무너지고, 개인의 학업, 사회적 관계, 직업적 기능뿐만 아니라 뇌 기능에도 부정적인 영향을 미치는 상태를 의미한다. 이는 단순한 개인의 문제가 아니라 사회적 문제로 확산되고 있으며, 가족 간 소통 단절, 친구와의 관계 악화, 사회적 고립과 같은 부작용을 초래할 수 있다. 특히, 게임 콘텐츠에 따라 폭력적인 행동을 학습하거나 현실과 가상을 혼동하는 현상이 발생할 수도 있어, 청소년의 인성 발달과 공동체 내 원활한 상호작용에도 부정적인 영향을 미칠 가능성이 크다.

과도한 게임 사용은 단순한 행동적 중독이 아니라, 뇌 구조와 기능에도 변화를 일으킨다. 게임에 몰입하는 시간이 길어질수록 전두엽 기능이 저하되며, 이는 충동 조절 능력과 문제 해결 능력의 약화를 초래한다. 또한, 보상 회로의 과활성으로 현실에서는 만족을 느끼기 어려워지고, 집중력과 주의력이 감소하며, 학습과 기억을 담당하는 해마의 기능도 저하될 가능성이 크다. 결과적으로 게임에 과하게 몰입한 청소년들은 학업을 소홀히 하게 되고, 비만, 시력 저하, 수면 부족과 같은 건강 문제를 겪을 위험이 높아지며, 이는 사회적으로도 부담이 될 수 있다.

특히 학령기 아동은 정서적·인지적 발달이 활발히 이루어지는 시기로, 게임 중독의 영향을 더욱 직접적으로 받는다. 또한 정서적 안정감을 해치고 충동 조절을 어렵게 만들어 학교생활에서 문제 행동으로 이어질 수 있다. 친구 관계에서 협력보다는 경쟁을 중시하게 되거나, 실패에 대한 좌절감을 과도하게 느껴 분노를 표출하는 경우도 나타날 수 있다.

사례
[게임중독]

　고등학교 2학년에 재학 중인 남학생 OO은 심각한 게임 중독과 함께 폭력적인 성향을 보이고 있다. 하루 대부분의 시간을 게임에 몰두하며, 게임을 하지 못하는 상황에서는 극심한 짜증과 분노를 표출한다. 부모의 제지나 간섭이 있을 경우 거친 언행과 물리적인 폭력을 행사하는 경우가 많아 가정 내 갈등이 심화되고 있다.

　OO은 학업에 대한 관심이 거의 없으며, 수업 중에도 스마트폰을 사용하거나 멍하게 있는 시간이 많다. 숙제나 시험 준비를 소홀히 하고 있으며, 학습을 포기하는 태도를 보이고 있다. 성적이 계속해서 하락하고 있지만 이에 대한 위기감을 느끼지 못하며, 오히려 게임을 통해 현실에서 도피하려는 경향이 강하다.

　또래 관계에서도 문제가 발생하고 있다. 게임을 하지 않는 친구들과의 대화에는 흥미를 보이지 않으며, 게임에서의 캐릭터나 성취에 대한 이야기에만 몰두한다. 친구들과 갈등이 발생하면 화를 참지 못하고 폭력적으로 대응하며, 분노 조절이 어렵다. 특히 자신이 무시당하거나 승부에서 패배했을 때 감정을 과격하게 표출하며, 주변 물건을 부수거나 욕설을 내뱉는 행동이 잦다.

　가족이나 주변에서 도움을 주려 해도 반발하고 있으며, 게임을 제한하려는 시도에 강한 저항을 보이고 있다. 기본적인 생활 습관도 불규칙해지고 있으며, 밤새 게임을 하느라 수면 부족이 심각한 상태이다.

게임중독 청소년은 훈련전 검사 결과가 어떤가요?

　게임 중독을 겪고 있는 OO군의 뇌파를 분석한 결과, 전반적으로 서파인 세타파의 증가, 베타파의 감소, 그리고 좌우뇌의 기능적 불균형이 확인되었다. 이러한 뇌파 패턴은 집중력 저하, 감정 조절 어려움, 충동성 증가, 학습 동기 부족 등의 문제와 깊은 관련이 있다.

　먼저, 서파인 세타파의 전압이 높게 관찰되었다. 일반적으로 세타파는 이완 상태나 졸음 상태에서 증가하지만, OO군의 경우 개안 상태에서도 높은 수준으로 나타났다. 이는 뇌가 충분히 활성화되지 못하고 피로감이 지속되며, 주의력을 유지하는데 어려움을 겪고 있음을 의미한다. 이러한 뇌파 패턴은 집중력 저하, 학습 동기 부족,무기력한 상태로 이어질 가능성이 크다.

　또한, 전두엽에서 베타파가 감소하는 경향이 나타났다. 베타파는 논리적 사고, 자기조절, 학습 및 계획 능력과 관련된 뇌파인데, 베타파가 낮으면 논리적 사고력이 떨어지고 문제 해결 능력이 저하될 수 있다. OO군은 이러한 뇌파 패턴으로 인해 학습에 대한 흥미를 잃고 있으며, 과제 수행을 회피하는 태도를 보이고 있다. 또한, 자기조절력이 낮아져 충동적으로 행동하는 경향도 두드러진다.

　이와 함께 좌우뇌의 기능적 불균형도 확인되었다. 우측 전두엽이 과활성화되고, 좌측 전두엽이 저활성화된 패턴이 나타나면서 감정 조절이 어렵고 충동적 행동이 증가하는 모습을 보이고 있다. 전두엽의 좌측은 논리적 사고와 자기조절을 담당하는 반면, 우측은 감정 조절과 충동성 조절을 담당한다. OO군의 경우 우측 전두엽이 과활성화되면서 감정적 반응이 과장되고, 분노를 조절하지 못하는 경향이 나타났다. 작은 자극에도 강하게 반응하며, 충동적 행동을 보이는 것은 이러한 뇌파 불균형과 깊은 연관이 있다.

게임중독 청소년은 검사 후 어떤 훈련 방법으로 진행되나요?

부모님의 권유로 뉴로피드백 훈련을 시작하지만, 무엇보다 중요한 것은 훈련을 받는 본인의 의지와 참여 태도이다. 특히 중독 성향이 있는 청소년의 경우, 본인의 의지가 강하지 않으면 훈련을 지속하기 어렵기 때문에 훈련 전 자신의 내면을 탐색하고 의지를 확인하는 심리적 접근이 필수적이다.

훈련을 시작하기 전, 뉴로스펙(Neurospec) 분석을 통해 과활성된 세타파를 확인하였으며, 이 세타파가 정상적으로 조절되기 전까지는 수면 시간을 철저히 지키는 것이 중요하다. 또한, 훈련 기간이 오래 걸릴 수 있음을 사전에 충분히 설명하여 지속적인 참여를 유도하였다. 훈련 계획은 최소 1년으로 설정하였으며, 주 2회 훈련을 권장하였다.

훈련 초반 3개월 동안 브레인헬스 훈련을 진행한 결과, 과도하게 활성화된 서파가 점차 감소하기 시작하였다. 서파가 조절되면서 보다 체계적인 신경인지 훈련(Cognitive Training, 코그 훈련)을 병행하였으며, 특히 입시를 앞둔 학생이라는 점을 고려하여 작업 기억을 강화하는 N-back 훈련에 집중하였다.

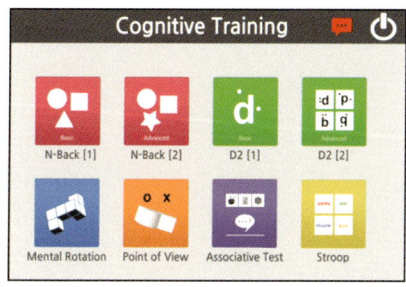
뉴로하모니 신경인지훈련

뉴로하모니 영어 단어 암기훈련

중독은 단순한 습관이 아니라 뇌의 보상 시스템이 비정상적으로 변화한 상태이다. 중독은 게임, 인터넷, 스마트폰, 도박, 약물, 음식 등 다양한 형태로 나타나며, 뇌의 신경전달물질과 신경회로의 변화로 인해 지속적인 의존 상태가 형성된다.

보상 시스템(Reward System)과 관련된 변연계, 전두엽, 기저핵은 중독과 깊이 연관되어 있다. 변연계는 감정 조절, 전두엽은 충동 조절 및 의사 결정, 기저핵은 습관 형성을 담당하는데, 중독성 행동(게임, SNS, 도박, 약물 등)을 하면 도파민(Dopamine, 보상 신경전달물질)이 과도하게 분비된다. 도파민이 반복적으로 과활성화되면, 뇌는 점점 더 강한 자극을 요구하게 되며, 결국 중독 상태가 고착된다.

이러한 중독 패턴을 바꾸기 위해 유진 페니스톤(Eugene Peniston)이 연구한 알파세타(Alpha-Theta) 훈련을 적용하였다. 뇌건강 2단계인 명상 훈련 시 이 기법을 활용하면 중독 패턴을 변화시키는 데 효과적이기 때문이다. 알파세타 크로스 훈련은 주의력 훈련이 충분히 진행된 후, 10개월이 지난 시점에서 실시하였다. 이 훈련은 특수한 기법이므로 뇌파를 면밀히 분석한 후 진행해야 하며, 최면 심리상담을 병행하여 자기 객관화와 통찰 과정을 함께 유도하였다.

훈련 12개월이 지나면서 학업에 대한 의지를 보이기 시작하였고, 이에 맞춰 신경인지 훈련인 코그 훈련, 속독 훈련, 영어 단어 암기 훈련을 병행하자 성적이 크게 향상되는 긍정적인 변화를 보였다.

Q 게임중독 청소년의 훈련 후 어떠한 변화가 있었나요?

훈련 초기에는 게임을 하지 않을 때 불안과 초조함을 느끼며 집중력이 떨어지는 모습을 보였다. 초기 3개월 동안은 브레인헬스 훈련을 통해 서파의 과활성을 줄이고, 전두엽의 저베타파(13~20Hz)를 활성화하여 자기조절력과 집중력을 향상시키는 기초 훈련을 진행하였다.

훈련 6개월이 지나면서 OO군은 분노 조절이 한층 개선되었고, 게임을 하지 않는 시간에도 점차 안정을 찾는 모습을 보였다. 감정의 기복이 줄어들면서 부모와의 갈등도 점차 감소하였고, 수업 중 멍하게 있거나 산만한 행동이 줄어들었다. 또한, 친구 들과의 대화에서 게임 외의 주제에도 관심을 가지기 시작했으며, 현실에서의 목표를 설정하는 습관이 생겨났다.

훈련 9개월 차에는 집중력이 향상됨에 따라 학업에 대한 태도도 긍정석으로 변화하 였다. 처음에는 짧은 시간만 공부할 수 있었지만, 작업 기억 훈련(N-back 훈련)과 속독 훈련을 통해 점차 학습 지속 시간이 늘어났다.

훈련 1년이 지나면서 OO군은 과거와 비교할 수 없을 정도로 긍정적인 변화를 보였다. 게임 시간이 자연스럽게 줄어들었으며, 더 이상 게임이 유일한 즐거움이 아니라 다양한 활동에서 성취감을 찾기 시작했다. 학업에 대한 집중력이 높아지면서 성적도 향상되었고, 무엇보다 스스로 목표를 세우고 현실에서의 성취감을 경험하는 것이 중 요하다는 사실을 깨닫게 되었다.

사례 8. 밤에 잠이 안와서 괴로워요
불면증

수면은 뇌의 회복 시간이다.

밤이 되면 도시의 불빛이 하나 둘 꺼지듯, 우리의 뇌도 하루의 활동을 마무리하며 휴식에 들어간다. 하지만 겉으로는 고요해 보여도 뇌는 여전히 분주하다. 낮 동안 쌓인 기억을 정리하고, 필요 없는 정보를 걸러내며, 손상된 세포를 회복하는 과정이 바로 수면 속에서 이루어진다. 마치 보이지 않는 정원사가 되어 신경망을 다듬고 가지를 뻗으며, 새로운 연결을 형성하는 것이다.

특히, 서파(델타파)가 활성화될 때 뇌는 깊은 휴식을 취하며, 성장 호르몬이 분비되고 면역 기능이 강화된다. 반면, 불면증을 겪는 사람들은 고베타파(High Beta wave)가 과활성화되어 있어 뇌가 쉬지 못한 채 깨어 있는 상태를 유지하는 경우가 많다. 이로 인해 감정 조절이 어려워지고, 집중력과 기억력이 저하될 수 있다.

수면은 단순한 휴식이 아니라, 뇌가 스스로를 치유하고 재정비하는 중요한 과정이다. 이 장에서는 뇌파와 수면의 관계를 살펴보며, 깊은 잠이 어떻게 뇌를 회복시키는지 알아보겠다.

불면증(Insomnia)은 충분한 수면 기회를 제공받았음에도 불구하고 수면의 시작, 유지, 또는 회복에 지속적인 어려움을 겪는 상태를 의미한다. 이는 일상적인 기능과 삶의 질에 부정적인 영향을 미치며, 흔히 피로, 낮 동안의 주의력 저하, 그리고 정서적 불안으로 이어질 수 있다. 일시적인 단기형과 수개월 이상 지속되는 만성형으로 구분되며, 수면 부족으로 인한 낮 동안의 피로와 불편함이 주요 특징이다.

주요 증상으로는 잠들기 어려움, 수면 중 자주 깨어남, 또는 너무 이른 시간에 깨어나는 문제가 있다. 이와 함께, 수면 후에도 충분히 상쾌하지 않다고 느끼거나, 피로와 함께 낮 동안 집중력과 기억력 저하를 경험할 수 있다. 이러한 변화는 개인의 직업적, 학업적 성취뿐 아니라 정서적 안정성에도 악영향을 미치며, 사회적 관계에서도 문제를 일으킬 수 있다.

이 상태는 성인 인구의 약 10~30%에서 나타날 정도로 흔하며, 특히 여성과 노인층에서 더 높은 비율을 보인다. 이는 호르몬 변화, 신체적 건강 상태, 수면 환경 변화 등 다양한 요인과 연관된다. 최근에는 청소년과 아동에서도 학업 스트레스와 스마트폰 과사용으로 인해 발생 사례가 증가하고 있다.

발생 원인은 생물학적, 심리적, 환경적 요인이 복합적으로 작용한 결과로 이해된다. 연구에 따르면, 뇌의 시상하부와 전두엽 간의 비정상적인 연결성이 문제와 관련이 있으며, 스트레스 상황에서 코르티솔 수치가 상승하는 것도 수면을 방해하는 주요 원인으로 지목된다. 또한 우울증이나 불안장애 같은 심리적 문제와 함께 나타날 때 증상이 더욱 악화될 수 있다.

사례
[불면증]

　40대 여성 OO은 심각한 불면증으로 인해 일상생활에 큰 어려움을 겪고 있다. 밤에 쉽게 잠들지 못하고 자주 깨며, 새벽에 다시 잠들기 어려운 상태가 지속되고 있다. 수면 시간이 절대적으로 부족해지면서 신체적 피로가 누적되고 있으며, 낮 동안에도 극심한 피로감과 무기력함을 느끼고 있다.

　수면 부족으로 인해 감정 기복이 심해지고 있으며, 특히 자녀에게 짜증을 자주 내게 된다. 사소한 일에도 예민하게 반응하며, 아이가 말을 걸거나 요청을 하면 짜증부터 내는 경우가 많아졌다. 가족과의 대화 시간이 줄어들고 있으며, 감정적으로 예민해진 상태가 지속되면서 가정 내 갈등이 증가하고 있다.

　가사와 일상적인 업무 수행도 어려움을 겪고 있다. 피로감과 집중력 저하로 인해 간단한 집안일도 벅차게 느껴지며, 해야 할 일을 미루게 되는 경우가 많다. 기억력도 저하되어 자주 깜빡하거나, 계획했던 일을 놓치는 경우가 늘어나면서 스트레스가 가중되고 있다.

　수면제 복용에도 증상이 나아지지 않아 밤이 되면 수면에 대한 부담감과 불안이 더욱 커지고 있으며, 결국 잠을 이루지 못하는 악순환이 반복되고 있다.

장기간 불면증을 앓고 있는 사람들의 뇌파를 분석한 결과, 몇 가지 특징적인 변화가 나타났다. 일반적으로 이들의 경우 베타파(15~35Hz) 활동이 증가하는 경향을 보인다. 이는 각성 상태가 과도하게 유지되는 것을 반영하며, 수면 중에도 뇌가 충분히 이완되지 못하는 상태를 나타낸다. 과도한 베타파 증가는 수면의 질 저하와 밀접한 관련이 있다.

반면, 깊은 수면 단계에서 주로 나타나는 델타파(0.5~4Hz) 활동은 감소하는 모습을 보인다. 델타파는 신체와 뇌가 회복되는 데 중요한 역할을 하는데, 이 활동이 저하되면 수면의 회복 기능이 떨어지고 피로가 누적될 가능성이 높아진다. 이러한 뇌파의 변화는 수면 구조가 정상인과 다르며, 수면이 단편적이고 얕게 이루어 지고 있음을 시사한다.

최근 연구에 따르면, 뉴로피드백 훈련이 불면증을 겪는 사람들의 뇌파 조절에 긍정적인 영향을 미칠 수 있다는 결과가 보고되고 있다.

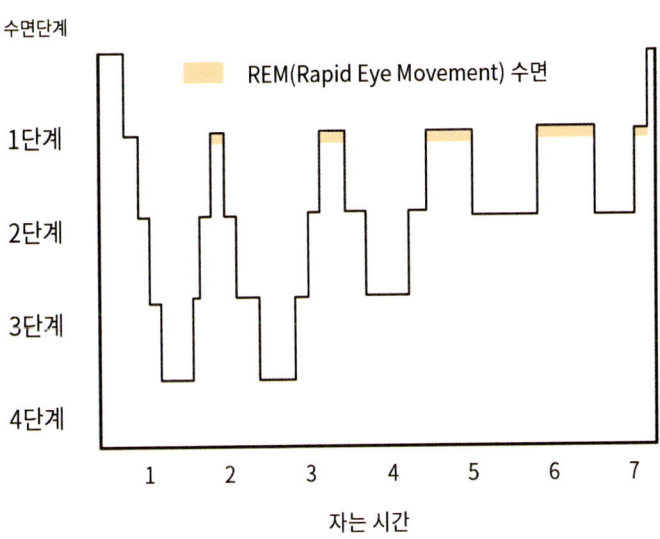

수면은 우리의 뇌 건강과 기능을 유지하는 데 필수적인 역할을 한다. 단순히 몸을 쉬게 하는 시간이 아니라, 뇌가 정보를 정리하고 회복하는 중요한 과정이다. 우리가 잠을 자는 동안 뇌는 낮 동안의 경험을 처리하며, 에너지를 충전하고 손상된 세포를 복구한다. 이러한 과정이 제대로 이루어지지 않으면 집중력, 기억력, 감정 조절 능력 등이 모두 영향을 받을 수 있다.

특히, 수면은 기억력을 강화하는 데 큰 역할을 한다. 잠자는 동안 뇌는 낮 동안 배운 새로운 정보를 장기 기억으로 전환하며, 불필요한 데이터를 제거한다. 깊은 비렘(Non-REM) 수면 단계에서는 학습된 정보를 정리하고, 렘(REM) 수면 단계에서는 창의성과 문제 해결 능력을 증진시키는 작업이 이루어진다. 이 과정은 학습과 지적 활동의 효율성을 높이는 핵심적인 요소이다.

또한, 수면은 뇌의 해독 시스템이 작동하는 시간이다. 글림프 시스템이라는 뇌의 독소 제거 메커니즘은 수면 중 활성화되어 낮 동안 쌓인 노폐물을 청소한다. 특히, 알츠하이머병과 연관된 베타아밀로이드와 같은 유해 물질도 이 시간에 제거된다. 수면이 부족하면 이러한 청소 작업이 제대로 이루어지지 않아 신경 퇴행성 질환의 위험이 높아질 수 있다.

감정 조절에도 깊은 관련이 있다. 충분한 수면을 취하면 스트레스와 불안이 감소하고, 정서적 안정감이 높아진다. 반대로 수면 부족은 뇌의 편도체를 과도하게 활성화시켜 감정이 쉽게 폭발하거나, 우울증과 같은 정신 건강 문제를 악화시킬 수 있다. 또한, 집중력과 의사결정 능력을 높여 일상적인 업무와 삶의 질을 향상시키는 데도 큰 도움이 된다.

> **Q 불면증 성인 여성의 훈련 전 후 어떠한 변화가 있었나요?**

　40대 여성은 밤에 충분한 수면을 취하지 못하면서 낮 동안에도 정상적인 각성 상태를 유지하기 어려운 상태에 놓이게 되었다. 초기 뇌파 분석 결과, 서파(Slow Wave)가 과도하게 활성화되어 있으며, 특히 세타파(4~8Hz)의 증가와 베타파의 비활성이 두드러지게 나타났다.

　세타파가 낮 동안 증가하면 주의력이 흐려지고, 멍한 상태가 지속되며, 가사와 일상적인 업무 수행이 저하되는 문제가 발생한다. 이러한 상태가 반복되면서 낮 동안의 피로가 점점 누적되고, 밤이 되면 다시 수면을 시도할 때 불안감이 커져 깊은 잠에 들기 어려운 악순환이 지속되었다. 또한, 베타파의 비활성은 의욕 부족과 연관되어 있어 무기력함을 더욱 심화시켰으며, 이는 일상생활에서의 활동량 감소로 이어졌다. 결과적으로, 낮 동안 피로와 무기력함이 지속되면서 신체적·정신적 에너지가 부족한 상태가 유지되었고, 이러한 불균형이 지속되면서 수면 장애는 더욱 악화되었다.

　이에 따라 브레인헬스 훈련을 통해 뇌 기능을 회복하는 과정을 시작하였다. 호흡 훈련을 병행하여 뇌에 충분한 산소가 공급되도록 유도하였으며, 뇌 이완 훈련과 뇌건강 훈련을 통해 심리적 안정을 도모하였다. 훈련은 한 달에 주 3회 진행하도록 권장되었으며, 2주(6회) 후에는 수면 개선에 도움이 된다는 피드백을 받았다.

훈련 과정 중 좌우뇌 밸런스가 깨지는 현상이 나타났으며, 이로 인해 집중력 훈련(활쏘기) 점수가 낮아지고, 정보 처리 속도가 원활하지 않은 모습을 보였다. 이에 따라 집중력 훈련 시간을 늘려 정보 출력이 원활하게 이루어지도록 유도하였다.

훈련 6개월 차에 접어들면서 폐안 시 알파파(α)가 안정적으로 유지되는 변화를 보였으며, 이는 수면과 이완 상태가 점진적으로 개선되었음을 의미했다. 이후 훈련을 마무리하면서 피검자는 수면의 질이 향상되고, 낮 동안의 무기력감이 줄어들며, 전반적인 생활 리듬이 안정되는 긍정적인 변화를 보였다.

> "무엇보다 아이들에게 짜증 내는 일이 확 줄었어요. 예전에는 사소한 일에도 예민하게 반응했는데, 이제는 한번 더 생각하고 차분하게 말할 수 있어요. 아이들이 엄마가 달라졌다고 할 정도예요!"
>
> "무엇보다 스스로 살아있다는 느낌이 들어요. 예전에는 하루하루가 힘들고 피곤해서 버티는 기분이었는데, 이제는 하고 싶은 것도 많아지고, 소소한 일상에서도 행복을 느낄 수 있어요!"

사례 9. 마음 속 깊은 상처가 있어요
외상후 스트레스장애

기억 속에서 자유로워지기

어떤 기억은 흐려지지 않는다. 특정한 소리나 냄새, 장소만으로도 그날의 감각이 되살아나고, 심장은 빨라지며 숨이 가빠진다. 마치 과거의 순간 속에 갇힌 듯 두려움과 고통이 다시 몸을 조여온다. 외상후스트레스장애(PTSD)를 겪는 사람들에게, 과거는 끝난 것이 아니라 여전히 현재 속에서 반복된다.

PTSD는 단순한 기억 문제가 아니다. 뇌가 여전히 위협 속에 머물며 경보를 울리고 있는 상태다. 하지만 뇌는 변할 수 있다. 뉴로피드백 훈련을 통해 고베타파를 조절하고, 감정을 안정시키는 알파파와 세타파를 회복하면, 뇌는 점차 위협에서 벗어나 현재의 현실을 받아들일 수 있다.

뉴로피드백 연구자인 유진 페니스톤(Eugene Peniston)은 PTSD 환자 연구에서 "뇌가 트라우마의 신호를 다르게 인식하도록 훈련하면, 기억은 남아 있어도 더 이상 우리를 지배하지 않는다"고 말했다.

과거의 기억이 더 이상 나를 얽매지 않을 때, 우리는 비로소 자유로워질 수 있다.

외상후 스트레스 장애(Post-Traumatic Stress Disorder, PTSD)는 심각한 외상 사건을 경험하거나 목격한 후 나타나는 정신 건강 장애로, 외상 경험에 대한 강렬한 기억, 재경험, 그리고 지속적인 고통을 특징으로 한다. PTSD를 가진 사람들은 외상 사건과 관련된 트리거로 인해 극도의 불안과 공포를 느끼며, 이러한 반응이 일상생활에 부정적인 영향을 미친다.

핵심 증상은 재경험, 회피 행동, 부정적인 인지와 기분 변화, 그리고 과각성 상태로 나뉜다. 재경험은 외상 사건이 반복적으로 떠오르는 플래시백이나 악몽으로 나타난다. 회피 행동은 외상을 떠올리게 하는 장소, 사람, 또는 상황을 피하는 경향을 포함하며, 부정적인 인지 변화는 자신, 타인, 또는 세상에 대한 부정적인 생각으로 나타난다. 과각성 상태는 과도한 경계심, 쉽게 놀라거나 짜증을 내는 행동 등으로 표현된다.

이 장애는 특정 외상 사건 후에 발생할 수 있지만, 외상 강도, 반복 경험 여부, 그리고 개인의 신경학적 민감성에 따라 발생 빈도가 달라진다. 연구에 따르면, 여성 발생률이 남성보다 높으며, 이는 생물학적 요인과 사회적 역할 차이와 연관이 있다. 아동과 청소년에서도 PTSD가 발생할 수 있으며, 이 경우 외상 후 신체적 증상이나 행동 문제로 나타날 가능성이 높다.

주요 원인은 외상 사건과 뇌의 스트레스 반응 시스템 간의 상호작용에서 비롯된다. 편도체, 해마, 전전두엽 간의 연결성 이상이 PTSD 발병과 밀접하게 관련되어 있다. 외상 후에는 편도체의 과활성화, 해마의 위축, 그리고 전전두엽의 억제 기능 약화가 관찰된다. 이는 외상 기억이 뇌에서 적절히 처리되지 못하고 강렬하게 남아 있음을 의미한다.

사례
[외상후스트레스장애 PTSD]

　30대 여성 OO은 자녀를 소아암으로 먼저 떠나보낸 후 극심한 외상후 스트레스 장애(PTSD)를 겪고 있다. 아이를 지키지 못했다는 강한 죄책감에 사로잡혀 있으며, 일상생활이 무너진 상태이다.
　하루 종일 아이의 마지막 순간을 떠올리며 자책하고 있으며, 밤이 되면 불안과 공포로 인해 쉽게 잠들지 못한다. 잠이 들어도 악몽을 꾸거나 새벽에 갑자기 깨는 일이 반복되며, 수면 부족으로 신체적·정신적 피로가 극심한 상태이다.
　감정 기복이 심해지고 있으며, 사소한 일에도 눈물이 나거나 분노가 치솟는다. 주변 사람들과 대화하는 것이 점점 어려워지고 있으며, 가족과의 관계도 소원해지고 있다. 아이가 사용하던 물건을 버리지 못하고 그대로 두며, 아이가 다시 돌아올 것 같은 느낌에서 벗어나지 못하고 있다.
　음식도 제대로 챙겨 먹지 못하고 있으며, 가사나 사회생활에도 전혀 관심을 두지 못하고 있다. 누구와도 이야기하고 싶지 않아 바깥 활동을 피하고 혼자 있는 시간이 많아지고 있으며, 스스로를 벌해야 한다는 생각에 건강을 돌보지 않고 있다.

외상후 스트레스 장애(PTSD)를 겪는 사람은 감정 처리와 기억 형성에 관여하는 뇌부위에서 구조적 및 기능적 변화를 보일 수 있으며, 이러한 변화는 뇌파 활동 패턴에도 영향을 미칠 수 있다. 특히, 이들은 주의력과 관련된 뇌 영역에서도 기능적 변화를 나타낼 수 있는데, 폐안 시 세타파(4~7Hz)의 변화를 통해 관찰될 수 있으며, 세타파는 내면 의식 활동과 관련이 있다. 이는 감정 처리 및 기억 형성에 관여하는 뇌 부위의 기능적 변화와 주의력 조절의 어려움과 연관될 수 있다.

유진 페니스톤(Eugene Peniston)은 외상후 스트레스 장애 환자를 위한 뉴로피드백 훈련을 연구한 미국의 심리학자이다. 그는 PTSD 환자들이 전통적인 약물 치료나 상담 치료만으로는 충분한 회복을 경험하지 못한다는 점에 주목하여, 뇌파 조절을 통한 치료 방법을 개발하였다.

그는 알파세타 뉴로피드백 훈련을 PTSD 환자들에게 적용하여 뇌파의 균형을 회복하고, 트라우마로 인해 과도하게 활성화된 신경 회로를 안정시키는 방법을 연구했다. 이 기법은 최면 유도 상태와 유사한 깊은 이완 상태를 유도하여, 과거의 트라우마를 안전하게 재경험하면서 뇌가 새로운 방식으로 이를 처리할 수 있도록 돕는 것이 핵심이다.

페니스톤의 연구에 따르면, PTSD를 겪는 사람들은 뉴로피드백 훈련 후 감정 조절 능력이 향상되고, 불안과 우울 증상이 감소하며, 수면의 질이 개선되는 효과를 보였다. 특히 훈련을 받은 사람들은 전통적인 치료만 받은 사람들보다 증상 재발률이 낮고, 삶의 질이 전반적으로 향상되었다.

30대 외상후 스트레스장애를 겪는 여성은 훈련 전 후 어떠한 변화가 있었나요?

처음 뉴로피드백 훈련을 시작할 때, OO씨는 극심한 외상후 스트레스 장애(PTSD)로 인해 매 순간 깊은 슬픔과 죄책감 속에 갇혀 있었다. 아이를 떠나보낸 충격에서 벗어나지 못한 채 하루 종일 아이의 마지막 순간을 떠올렸고, 밤이 되면 불안과 공포로 쉽게 잠들지 못했다. 겨우 잠이 들어도 악몽에 시달리며 새벽에 깨어나는 일이 반복되었고, 이로 인해 신체적·정신적 피로는 날이 갈수록 심해졌다.

훈련 초기에는 뇌파 분석을 통해 고베타파의 과활성과 폐안 시 알파파 소실, 세타파의 증가가 확인되었다. 이는 불안과 우울이 극심하고, 뇌가 정상적인 이완을 하지 못하는 상태임을 의미했다. 뉴로피드백 훈련을 통해 과잉 활성화된 고베타파를 안정시키고, 알파세타 훈련을 병행하면서 점차 뇌가 편안한 상태로 회복되도록 유도하였다.

트라우마를 겪고 있는 내담자에게는 섣불리 대화로 상담을 시도하기보다, 먼저 뇌파를 안정시키는 과정이 중요하다. 강제로 이야기를 꺼내게 하면 오히려 상처를 재경험하게 되어 불안과 스트레스 반응이 심화될 수 있기 때문이다. 따라서 뉴로피드백 훈련을 통해 뇌의 안정성을 확보한 후, 내담자가 스스로 대화를 원할 때 상담을 진행하는 것이 효과적이다.

훈련 과정에서는 뇌 이완 및 뇌건강 훈련을 진행하면서, 억눌린 감정을 자연스럽게 배설할 수 있도록 발도르프 습식화를 병행하였다. 미술 매체를 활용하여 색을 통해 자기 탐색을 유도하였으며, 특히 아이를 먼저 떠나보낸 상실감을 애도할 수 있도록 충분한 시간을 제공하였다.

뉴로하모니 뉴로피드백 훈련에서는 명상과 관련된 뇌건강 2단계 훈련과 호르몬 밸런스 훈련을 집중적으로 적용하였다. 훈련 모드는 알파세타(Alpha-Theta) 프로토콜을 활용하였으며, 일반적인 훈련보다 시간이 오래 걸리지만 깊은 이완 상태를 유도하여 트라우마로 인한 과도한 각성을 완화하는 데 효과적이었다.

초기에는 미술 매체를 활용하여 감정을 표출하는 과정을 거쳤지만, 뉴로피드백 훈련에 적응해 가면서 훈련 자체에 집중할 수 있도록 유도하였다. 시간이 지나면서 내담자는 점차 안정감을 되찾기 시작하였으며, 트라우마로 인해 억눌렸던 감정을 자연스럽게 정리하고 수용하는 변화를 보였다.

사례 10. 항상 긴장되고 불안해요

불안장애

뇌가 편안함을 배울 수 있을까?

아무 일도 일어나지 않았는데도 가슴이 두근거린다. 이유 없이 불안하고, 머릿속에서는 끊임없이 걱정이 떠오른다. 잘못될지도 모른다는 생각이 사라지지 않고, 몸은 마치 눈앞에 보이지 않는 위협에 대비하듯 긴장한다. 숨이 가빠지고, 작은 소리에도 깜짝 놀라며, 주변의 시선이 부담스럽게 느껴진다. 불안장애를 겪는 사람들에게 일상은 예측할 수 없는 긴장의 연속이다.

이들은 평범한 하루조차도 위기처럼 느껴진다. 누군가의 말 한마디, 문득 떠오른 생각 하나에도 마음이 요동치고, 신체는 끊임없이 경계 태세를 유지한다. 스스로 안정을 찾고 싶지만, 뇌가 과거의 패턴에 갇혀 있어 쉽게 벗어나지 못한다. 단순한 의지나 노력만으로는 이 악순환을 끊어내기 어렵다.

그렇다면 뇌는 편안함을 배울 수 있을까? 뉴로피드백은 뇌가 과도한 경계 상태에서 벗어나, 보다 안정된 리듬을 회복할 수 있도록 돕는 과정이다. 이 훈련은 뇌파를 직접 조율함으로써 신경계의 과도한 반응을 완화하고, 스스로 이완 상태를 회복하는 방법을 학습하도록 지원한다.

뉴로피드백 연구자인 엘머 그린(Elmer Green)은 "우리가 뇌의 파동을 조율할 수 있다면, 감정도 조절할 수 있다"고 말했다. 실제로 뉴로피드백을 통해 뇌의 과도한 각성을 낮추고, 알파파나 세타파와 같은 이완파를 강화하면, 불안은 점차 사그라지고 안정된 심리적 상태를 회복할 수 있다.

불안장애(Anxiety Disorder)는 과도한 불안과 걱정을 특징으로 하는 정신 건강 장애로, 개인의 일상생활에 심각한 영향을 미친다. 이 장애를 가진 사람들은 미래의 가능성이나 특정 상황에 대해 비합리적이고 극심한 두려움을 느끼며, 이러한 반응이 장기간 지속된다. 단순한 스트레스 반응을 넘어, 과도한 걱정이 신체적·정신적 기능에 부정적인 영향을 미치는 것이 특징이다.

불안장애는 다양한 유형으로 나뉘며, 가장 흔한 형태는 일반화 불안장애(GAD)이다. 이 장애는 특정한 원인 없이도 광범위한 걱정과 불안을 느끼게 한다. 또 다른 형태로는 특정 상황에서 강한 공포심을 보이는 공황장애(Panic Disorder)와 특정 대상이나 환경에 대한 두려움을 나타내는 특정 공포증(Specific Phobias)이 있다. 사회적 상황에서의 불안이 두드러지는 사회 불안장애(Social Anxiety Disorder)도 주요 유형 중 하나이다.

불안장애로 어려움을 겪는 인구가 증가하고 있으며, 이는 정신 건강에 대한 인식 향상과 진단 기술의 발전에 기인한다. 불안장애는 성별에 따라 차이를 보이는데, 연구에 따르면 여성이 남성보다 더 높은 비율로 이와 같은 어려움을 경험한다. 증상은 아동기부터 나타나는 경우가 많으며, 주요 지표로는 과도한 걱정, 사회적 회피, 그리고 반복적인 불안 발작이 포함된다.

원인은 복합적인 신경생물학적 요인과 관련이 있다. 단일한 원인보다는 유전적 요인과 환경적 요인이 상호작용하여 개인의 뇌 발달과 신경 연결성에 영향을 미치는 것으로 알려져 있다. 연구에 따르면, 불안장애는 뇌의 편도체와 전두엽 간 연결성의 이상이나 특정 신경전달물질의 불균형이 주요한 역할을 할 수 있다.

사례
[불안장애]

   초등학교 5학년에 재학 중인 남자 아동 OO은 어린 시절 환경적 요인으로 인해 불안장애를 겪고 있다. 유아기 시절 여러 차례 병원 수술을 받으며 신체적·정서적으로 예민해졌고, 주 양육자가 자주 바뀌면서 안정적인 애착 형성이 어려웠다. 이러한 경험은 내면에 깊은 분리불안을 남겼으며, 현재까지 지속적인 정서적 불안으로 이어지고 있다.

  OO은 혼자 잠드는 것을 극도로 두려워하며, 방 안의 불을 끈 채로 잠들 수 없다. 어두운 환경에서 느껴지는 고립감이 극심한 불안을 유발하여, 항상 미등을 켜둔 상태에서만 잠에 들 수 있다.

  또한, 유튜브에서 귀신 이야기, 공포 영상, 괴담과 같은 무서운 콘텐츠를 반복적으로 시청하는 습관이 있다. 외부의 불안을 자신의 내면으로 끌어들이는 경향을 보이며, 불안감을 자극하는 콘텐츠를 스스로 찾아보면서 이를 해소하지 못한 채 오히려 불안을 증폭시키는 악순환을 반복하고 있다.

  심리적으로는 외부 환경에 과민하게 반응하며, 작은 자극에도 쉽게 긴장하고 위축된다. 어린 시절 신체적 고통과 심리적 불안이 누적되면서 안정적인 정서적 지지를 받지 못했던 경험이 현재의 불안증과 깊은 연관이 있어 보인다.

Q

불안장애 아동 훈련전 검사 결과가 어떤가요?

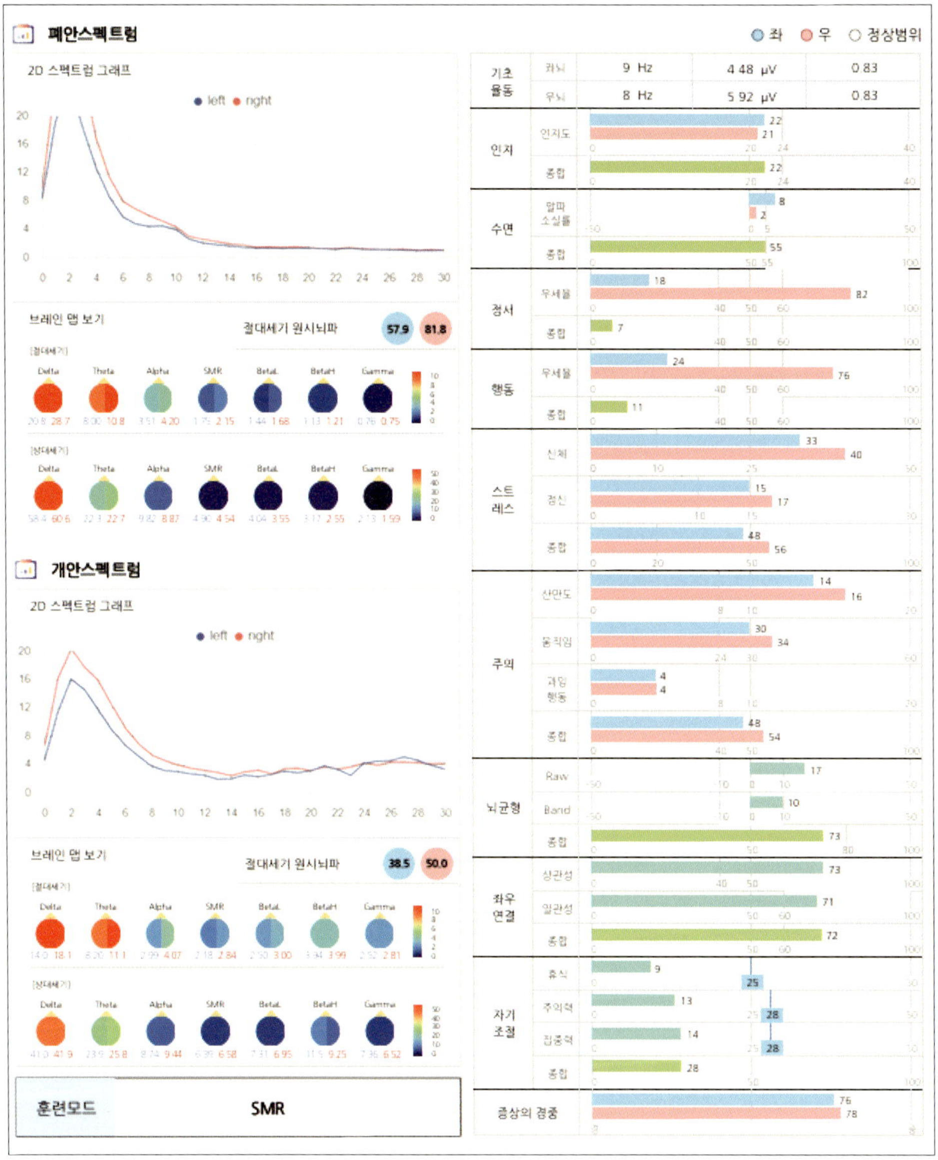

불안장애 뉴로하모니 BQ2 분석지

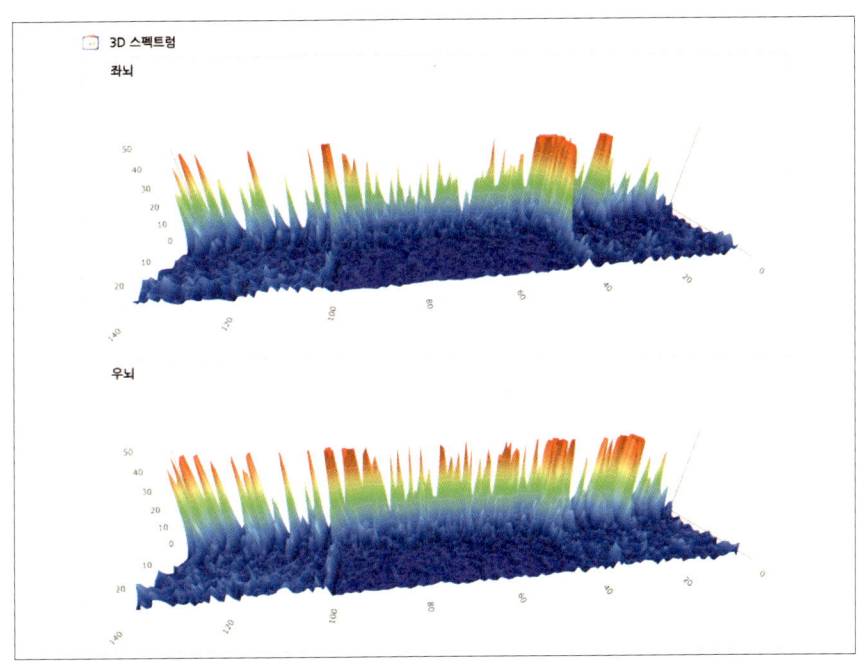

뉴로하모니 BQ2 3D 스펙트럼

뉴로하모니 BQ2 뇌기능검사 분석에서 주의 깊게 살펴봐야 할 것은 폐안 시 출현하는 서파의 과활성이다. 서파는 일반적으로 깊은 수면 상태나 깊은 이완 상태에서 나타나는 뇌파이지만, 각성 상태에서도 폐안 시 서파가 과도하게 나타난다면 이는 뇌가 성상적인 인정 상태를 유지하지 못하고 있음을 의미한다.

또한, 개안 시 베타파의 전압 수준도 중요한 분석 지표이다. 베타파는 정상적인 각성과 주의력 유지에 필수적인 뇌파이지만, 개안 시 고베타파가 과활성화되면 과도한 각성과 신경 과민, 지속적인 불안 상태를 유발할 수 있다.

이러한 뇌파 패턴이 지속되면 정서와 행동 지수가 낮게 나타날 가능성이 크며, 주의 산만도가 높아지고, 자기조절 지수 역시 낮은 수준을 보일 수 있다. 따라서 뉴로하모니 BQ2 분석에서는 폐안과 개안 상태에서 서파와 베타파의 균형을 면밀히 관찰하고, 2D 스펙트럼을 통해 특정 주파수가 과활성화되었는지를 확인하는 것이 중요하다.

Q 불안장애 아동의 훈련 후 어떠한 변화가 있었나요?

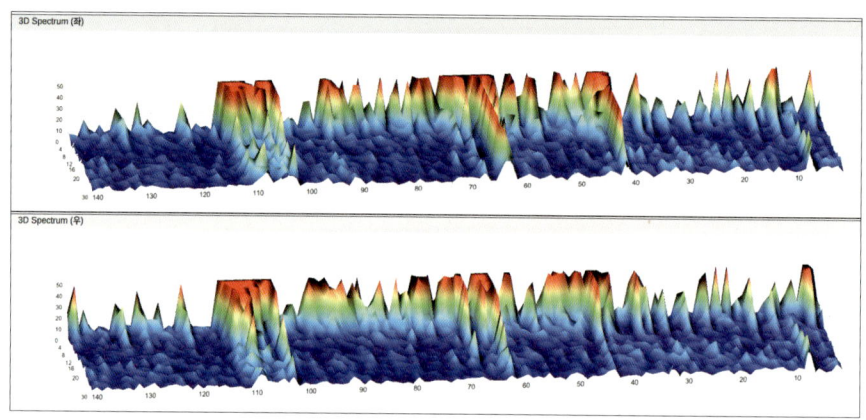

불안장애 아동 초기 뇌파

  불안장애를 겪는 아동의 뇌파는 정상적인 발달 패턴과는 다른 양상을 보인다. 특히, 폐안 상태에서 강한 서파(델타파, 세타파)의 활성과 고베타파의 과활성이 두드러지게 나타난다.

  서파의 과활성은 주의력과 정보 처리 속도에도 부정적인 영향을 미친다. 서파가 증가하면 감각 입력이 느려지고, 주어진 자극에 대한 반응 시간이 길어진다. 이는 불안장애 아동이 학습 과제나 일상적인 문제 해결 과정에서 지연된 반응을 보이는 원인 중 하나로 작용할 수 있다.

  또한, 이러한 서파의 비정상적 증가는 전두엽과 변연계의 연결이 원활하지 않음을 나타내며, 감정 조절과 충동 억제에 어려움을 겪을 가능성이 크다.

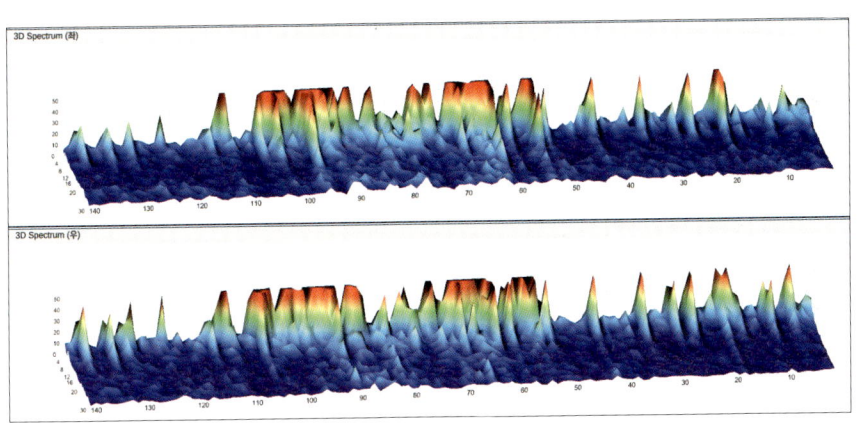

불안장애 아동 훈련 4개월째 뇌파

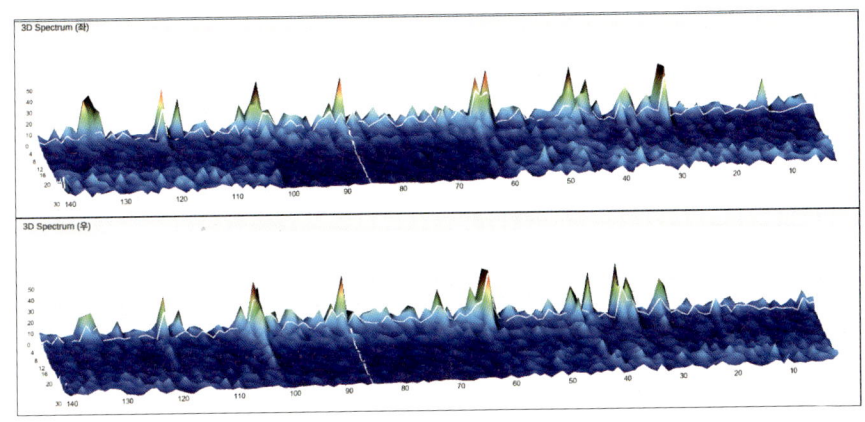

불안장애 아동 훈련 10개월째 뇌파

뉴로하모니 뉴로피드백 훈련 과정에서 폐안 상태에서의 서파(델타파, 세타파)는 먼저 사라졌지만, 고베타파는 사라졌다가 다시 나타나는 반복적인 패턴을 보였다. 이러한 현상은 뇌의 신경 활동이 점진적으로 조절되고 최적화되는 과정을 반영하는 것으로 해석할 수 있다.

먼저, 서파의 감소는 뇌가 과도한 활성 상태에서 점차 벗어나고 있다는 신호로 볼 수 있다. 뉴로피드백 훈련을 통해 서파가 조절되면 정보 처리 속도가 개선되고, 주의력과 인지 기능이 보다 효율적으로 작동할 수 있는 상태로 전환된다. 서파가 비정상적으로 높으면 뇌가 둔화되고, 학습이나 문제 해결 과정에서 반응이 느려질 수 있다. 따라서 훈련을 통해 서파가 안정되면서 뇌의 활성화 수준이 적절한 상태로 조정되는 것이 중요하다.

한편, 고베타파가 사라졌다 나타나는 반복적인 패턴은 뇌의 자기조절 과정에서 나타나는 일종의 적응적 반응으로 해석된다. 고베타파는 주의 집중과 고차원적인 인지 활동과 관련된 뇌파지만, 과도하게 활성화되면 불안과 과잉 각성을 유발할 수 있다. 뉴로피드백 훈련 과정에서 고베타파가 간헐적으로 나타났다 사라지는 것은, 뇌가 점진적으로 불필요한 각성을 줄이고 안정된 상태를 유지 하려는 조정 과정일 가능성이 높다.

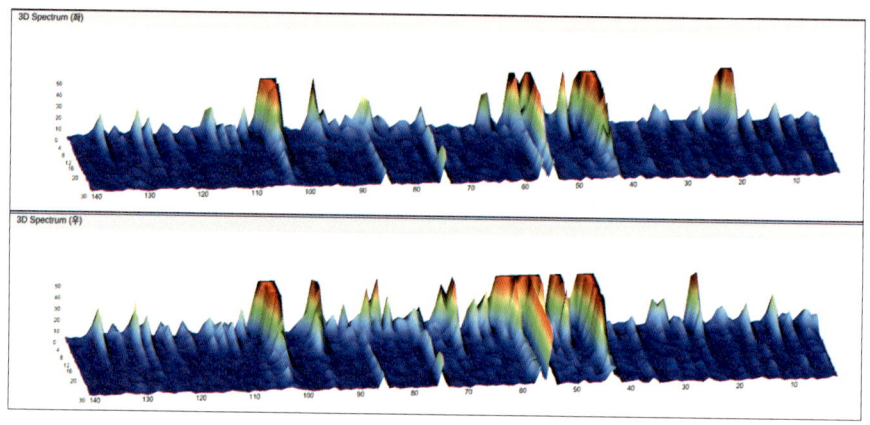

불안장애 아동 훈련12개월째 뇌파

12개월 시점에서 폐안 시 뚜렷한 과활성이 사라지고, 단순한 생리적 반응으로 인한 눈 깜박임과 같은 잡파만이 관찰되었다는 것은 뇌가 안정된 상태를 유지할 수 있는 능력을 갖추었음을 의미한다.

그러나 안정된 뇌파를 유지하던 상태에서도, 일상의 불안한 외부 환경이 조성될 때 좌우뇌의 균형이 깨지면서 이전의 불안한 상태에서 보였던 뇌파 패턴이 다시 나타나는 현상이 관찰되었다. 이는 뇌가 스트레스 상황에서 기존의 패턴으로 일시적으로 회귀하는 모습을 보인 것으로 해석할 수 있다. 다만, 이러한 변화는 일시적이었으며, 훈련을 지속하면서 뇌는 점진적으로 새로운 균형 상태를 유지할 수 있도록 적응하였다.

훈련이 18개월째에 접어들면서, 외부 환경의 변화에도 뇌파 패턴이 급격히 흔들리지 않고 안정적으로 조절되는 양상이 관찰 되었으며, 뇌의 항상성이 확보되어, 더 이상 훈련을 지속하지 않더라도 스스로 균형을 유지할 수 있는 상태에 도달했음을 의미한다. 이 사례는 뉴로피드백 훈련이 단순한 일시적 효과에 그치는 것이 아니라, 뇌가 자율적으로 최적화된 상태를 지속할 수 있도록 돕는 과정임을 보여준다.

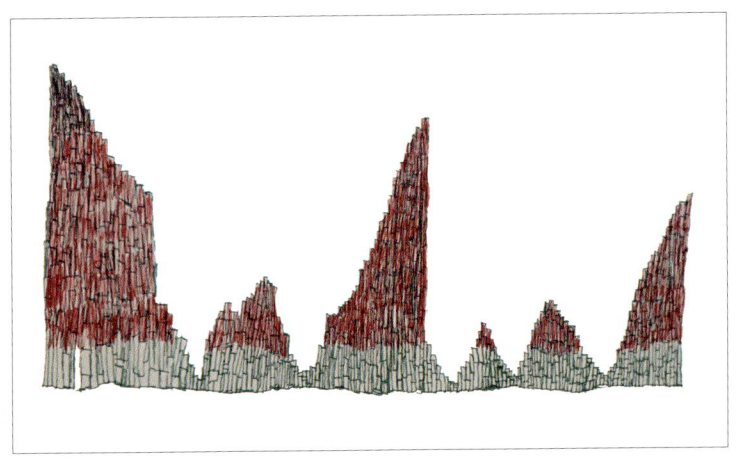

불안장애 아동이 그린 자신의 뇌파그림

훈련을 마무리하며 아이에게 자신의 뇌파를 그림으로 표현해보게 했다. 조심스럽게 그림을 완성한 아이는 한참 동안 그것을 들여다보더니 말했다.

"붉은 색이 많았을 때는, 마음이 많이 불안했을 때예요."

그리고는 조용히 덧붙였다.

"지금은 편안하지만, 혹시 다시 불안해지면 이 그림을 떠올리면서 호흡을 하면 마음이 차분해질 것 같아요."

아이는 더 이상 불안을 무조건 억누르거나 두려워하지 않았다. 불안이 다시 찾아올 수 있다는 사실을 받아들이면서도, 스스로 이를 다스릴 수 있다는 자신감을 가지고 있었다. 작은 그림 한 장 속에는 과거의 두려움과 현재의 평온, 그리고 미래를 향한 희망이 함께 담겨 있었다.

스스로 감정을 인식하고 조절하려는 그 말 속에서, 아이의 내면이 얼마나 단단하게 성장했는지를 느낄 수 있었다. 뉴로피드백 훈련은 단순히 뇌파를 조절하는 기술을 넘어, 자기 자신을 이해하고 스스로를 돌보는 힘을 기르는 여정이었다.

뉴로하모니 뉴로피드백 훈련, 그리고 그 너머

뉴로하모니 뉴로피드백을 통한 다양한 임상 사례를 살펴보며 가장 인상적인 점은 훈련을 통해 뇌가 변화할 수 있는 가능성과 회복력이었다.

ADHD로 인해 집중력이 부족했던 아이가 서서히 변화를 보이고, 불안장애로 인해 끊임없이 긴장하던 청소년이 점차 안정을 찾으며, 불면증에 시달리던 이들이 깊고 편안한 수면을 경험하는 과정을 지켜보며 뉴로피드백이 단순한 이론이 아닌 실질적인 변화의 도구가 될 수 있음을 확인할 수 있었다.

훈련을 거듭할수록 아이들은 자기 조절력이 향상되었고, 감정 기복이 심했던 이들은 점차 감정을 다스리는 법을 배웠다. 과잉 행동이 두드러졌던 아이들이 차분함을 유지하기 시작하고, 게임에 몰입하던 청소년들이 현실의 삶 속에서 즐거움을 찾는 모습을 보면서 뇌가 얼마나 유연하고 변화 가능성이 있는 기관인지 다시 한번 깨닫게 되었다.

가장 흥미로웠던 점은, 뉴로피드백을 통해 뇌의 균형이 잡히기 시작하면 학습 능력, 대인 관계, 심리적 안정이 자연스럽게 변화되었다는 것이다.

뉴로피드백이 뇌의 기능을 최적화하는 데 도움을 주는 것은 분명하지만, 심리적인 문제나 정서적인 트라우마가 깊은 경우 훈련만으로는 충분하지 않은 사례도 있었다. 특히, 우울감이 극심한 내담자의 경우 단순히 뇌의 균형을 맞추는 것만으로는 감정의 깊은 층을 다루기가 어려웠다. 이때 미술 심리 상담을 병행하면 뉴로피드백만으로는 해소되지 않던 심리적 긴장감이 완화되는 것을 볼 수 있었다.

뇌의 변화가 심리적 표현과 연결될 때, 더 큰 안정이 찾아왔다.

우울감이 극심한 경우 뉴로피드백 훈련만으로는 개선 속도가 더뎠으며, 이때 최면 심리 상담을 병행했을 때 심리적 저항이 풀리면서 훈련 효과가 더욱 극대화되는 모습을 확인할 수 있었다. 뇌의 신호를 조율하는 것과 동시에 무의식의 깊은 부분까지 탐색하고 정리하는 과정이 필요했던 것이다.

뉴로하모니 뉴로피드백은 뇌를 조율하고 최적화하는 강력한 도구로, 많은 사람들이 이를 통해 자신의 삶을 더 나은 방향으로 변화시키고 있다. 그러나 이것은 유일한 해답은 아니다. 뉴로피드백이 뇌의 기능을 회복하는 데 도움을 준다면, 미술 심리 상담이나 최면 상담은 감정과 내면의 이야기를 정리하는 역할을한다. 여러 가지가 조화를 이루었을 때 더욱 깊고 지속 가능한 변화를 만들어낼 수 있다는 사실을 다시금 깨닫게 된다.

 결국, 우리의 뇌는 단순한 기계가 아니다. 조율하고 훈련한다고 해서 단번에 정답을 찾아낼 수 있는 것이 아니라, 마음과 연결이 되어야 하고, 환경과 상호작용을 하는 하나의 유기체이다. 뉴로하모니 뉴로피드백이 제공하는 변화를 경험하며, 뇌와 마음을 함께 바라보는 통합적인 접근이야말로 진정한 회복과 성장으로 가는 길임을 실감하게 된다.

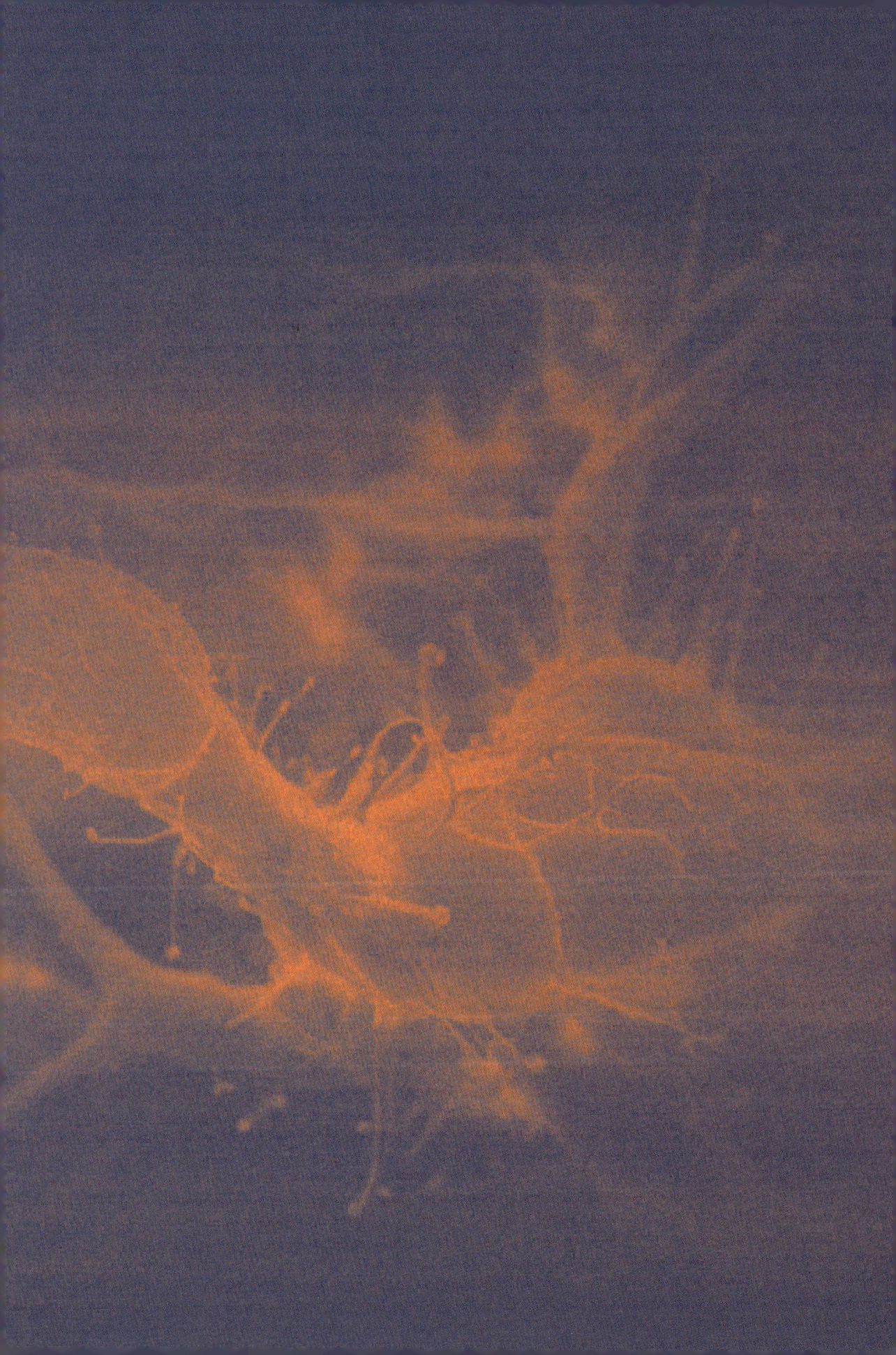

[PART 3]

일상 속에서 :
뇌를 위한 작은 연습들

5장. 뇌는 스스로를 조율할 수 있다
- 뇌를 훈련한다는 것, 그것은 나를 알아가는 과정
- 뉴로피드백과 함께하는 명상과 호흡
- 뉴로하모니, 어디서나 뇌를 훈련하다

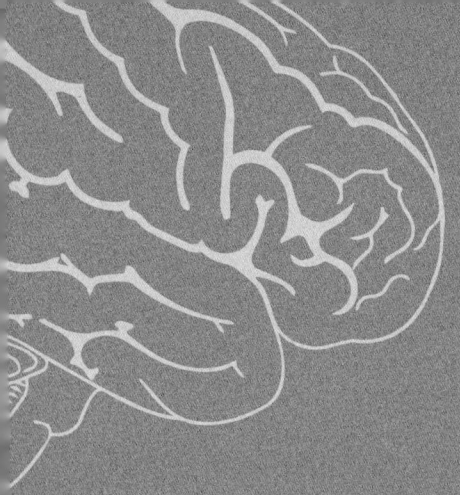

5장
뇌는 스스로를 조율할 수 있다

뇌는 하루에도 수없이 많은 신호를 주고받으며 우리의 감정과 생각을 섬세하게 조율한다. 때때로 집중이 잘되지 않거나, 이유 없이 불안하고, 감정이 쉽게 흔들릴 때 스스로를 탓하곤 한다. "왜 이렇게 산만할까?" "왜 사소한 일에도 신경이 쓰이지?" 그러나 이런 현상은 결코 의지나 성격의 문제만은 아니다. 뇌의 흐름이 어긋나면 감정과 사고는 자연스럽게 균형을 잃게 된다. 뇌가 안정된 리듬을 찾지 못하는 상태에서는 불안에 쉽게 휘둘리고, 스트레스 속에서 방향을 잃기 쉽다.

그러나 중요한 사실은, 뇌는 본래 스스로를 조율할 수 있는 능력을 가지고 있다는 점이다. 뇌를 훈련한다는 것은 억지로 무언가를 바꾸는 일이 아니다. 오히려 내 안에 이미 존재하는 가능성과 회복력을 다시 일깨우는 과정이다. 우리는 모두 집중하는 방식도 다르고, 감정을 조절하는 방식도 다르며, 세상을 받아들이는 감각 역시 제각각이다. 어떤 사람은 깊이 몰입하는 데 능하지만, 누군가는 작은 소리에도 쉽게 흐트러진다. 또 어떤 이는 스트레스를 잘 이겨내지만, 다른 이는 아주 작은 변화에도 큰 영향을 받는다. 이러한 차이는 겉으로 드러나는 성격이나 습관의 차원이 아니라, 뇌의 리듬이 각기 다르기 때문이다.

뇌파를 들여다보면 그 차이는 더욱 분명해진다. 집중이 어려운 사람은 베타파가 충분히 활성화되지 않고, 불안이 높은 사람은 고베타파가 과도하게 증가해 있는 경우가 많다. 반대로 우울감을 느끼는 경우에는 알파파가 좌우 비대칭성을 보이기도 한다.

뉴로피드백은 이러한 각자의 뇌파 패턴을 읽고, 가장 자연스럽고 건강한 흐름을 되찾을 수 있도록 돕는 과정이다.

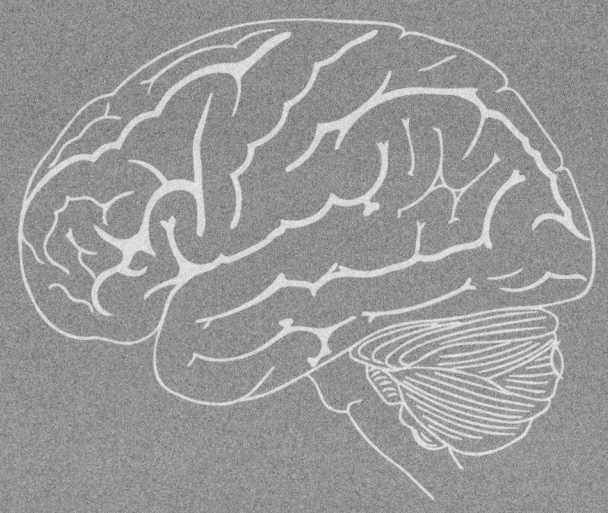

　보통 감정은 통제해야 한다고 배운다. 하지만 감정은 억누른다고 사라지지 않는다. 오히려 적절한 흐름 속에서 조절될 때, 감정은 더 이상 우리를 휘두르는 존재가 되지 않는다. 뉴로피드백은 감정을 억제하는 것이 아니라, 뇌가 감정을 다룰 수 있도록 돕는다.

　감정을 조율하는 가장 좋은 방법 중 하나는 뇌가 긴장을 푸는 법을 배우는 것이다. 숨을 깊이 들이마시고 내쉬는 것만으로도 뇌의 리듬은 변화한다. 연구에 따르면, 천천히 호흡하는 것만으로도 알파파가 증가하며, 이는 신경계의 균형을 회복하는데 중요한 역할을 한다. 마치 흐르는 강물이 자연스럽게 정화되듯, 감정도 억누르지 않고 흘러갈 때 조화를 찾을 수 있다.

　많은 이들은 스트레스 없는 삶을 꿈꾸지만, 사실 스트레스와 불안은 피할 수 없는 감정이다. 중요한 것은 그것을 없애는 것이 아니라, 어떻게 다루느냐에 달려 있다. 뇌가 균형을 찾으면, 스트레스에도 유연하게 반응하고 불안을 조절할 힘을 가질 수 있다. 수면 패턴을 일정하게 유지하는 것, 감정을 기록하고 인지하는 연습을 하는것, 자연 속을 걷거나 신체를 움직이는 작은 변화들이 쌓이면, 뇌는 점차 스스로 균형을 되찾는다. 감정의 흐름이 부드러워지고, 집중이 쉬워지며, 일상의 작은 스트레스에도 덜 흔들리게 된다.

　뉴로피드백은 뇌가 어떻게 작동하는지 알고, 감정과 사고를 이해하며, 스스로 조율하는 법을 배우는 과정이다. 훈련이 끝난 후에도 변화는 계속된다. 뇌는 학습한 리듬을 유지하며, 조금씩 더 건강한 방향으로 나아간다. 이제 중요한 것은 뇌를 통제하려 애쓰는 것이 아니라, 뇌와 함께 살아가는 법을 배우는 것이다.

뇌를 훈련한다는 것, 그것은 나를 알아가는 과정

일반적으로 뇌를 정적인 구조물처럼 여기며, 타고난 능력이 정해져 있고 훈련을 통해 일부 기능을 강화할 수 있다고 생각한다. 그러나 신경과학은 이 가정을 완전히 뒤집었다. 뇌는 고정된 것이 아니라, 끊임없이 변화하고 성장할 수 있는 유기적인 존재다. 신경가소성이라는 개념은 뇌가 경험과 학습에 의해 지속적으로 변화한다는 사실을 증명하며, 이는 뇌 훈련의 가능성을 뒷받침하는 핵심 이론이 되었다.

신경가소성의 개념은 노먼 도이지(Norman Doidge)의 연구를 통해 뇌가 특정한 자극과 훈련을 통해 스스로 회복하고 발달할 수 있다는 것을 보여주었다. 예를 들어, 뇌졸중 환자들이 손상된 뇌 부위를 대체하기 위해 신경망을 새롭게 형성하는 사례들은, 뇌가 단순한 장기가 아니라 스스로를 조율할 수 있는 능동적인 존재임을 보여준다. 이러한 뇌의 특성은 뉴로피드백과 같은 훈련을 통해 더욱 강화될 수 있다.

뇌가 어떻게 작동하는지 이해하기 위해서는 먼저 뇌의 파동을 들여다볼 필요가 있다. 우리의 뇌파는 단순한 전기적 신호가 아니라, 세상을 경험하는 방식 그 자체다. 앞에서 설명한 것처럼 사고와 감정, 주의력과 기억은 모두 뇌의 신경망 속에서 만들어지고, 우리가 경험하는 모든 자극은 뇌의 구조를 변화시킨다. 뉴로피드백은 바로 이 원리를 이용해 뇌가 스스로를 조율하도록 돕는다.

예를 들어, 집중력이 부족한 사람들의 뇌를 분석해 보면 세타파가 과도하게 활성화된 경우가 많다. 세타파는 창의적 사고와 깊은 상상력을 담당하는 뇌파지만, 이 파장이 지나치게 강해지면 현실적인 문제 해결 능력이 떨어지고 주의가 쉽게 흐트러진다. 반면, 학습이 빠른 사람들은 베타파가 적절하게 활성화되어 있으며, 이는 논리적 사고와 집중력을 돕는 역할을 한다. 뉴로피드백 훈련을 통해 베타파를 증가시키고 과도한 세타파를 조절하면, 주의력이 높아지고 몰입하는 능력이 향상된다.

조엘 루바(Joel Lubar)는 ADHD 아동을 대상으로 한 연구에서, 뉴로피드 백을 통해 세타파와 베타파의 비율을 조절하는 것이 집중력 향상과 직접적인 관련이 있음을 발견했다.

연구 결과에 따르면 뉴로피드백 훈련을 받은 ADHD 아동들은 학업 성취도가 향상되었으며, 주의 집중 시간이 늘어나고 충동적 행동이 줄어들었다. 이는 행동의 교정이 아니라, 뇌가 스스로 작동 방식을 재구성하는 과정이었다. 뇌가 균형을 찾으면, 더 이상 외부 환경에 휘둘리지 않고 스스로를 조절하며 안정된 상태를 유지할 수 있다. 뉴로피드백은 바로 그 가능성을 열어주는 도구이다.

감정을 조절하는 것 역시 뇌의 흐름과 깊이 연결되어 있다. 많은 사람들이 감정을 통제해야 한다고 생각하지만, 감정은 억누른다고 사라지는 것이 아니다. 오히려 자연스럽게 흘러갈 때 비로소 조절이 가능해진다. 뉴로피드백 연구자인 엘머 그린(Elmer Green)은 "뇌의 리듬을 조율할 수 있다면, 감정도 조절할 수 있다"고 말했다. 그의 연구에 따르면, 알파파와 세타파는 감정 조절과 깊은 명상 상태를 유도하는 데 중요한 역할을 한다. 알파파가 활성화되면 뇌는 긴장을 풀고 안정감을 느끼며, 세타파는 깊은 내면 탐색과 감정직 치유를 돕는다.

불안이 높은 사람들은 일반적으로 고베타파가 과도하게 활성화되어 있으며, 이는 신경계가 지나치게 예민해져 사소한 자극에도 크게 반응하는 상태를 만든다. 뉴로피드백을 통해 고베타파를 조절하고, 감정을 안정시키는 알파파와 세타파를 회복하면, 뇌는 점차 긴장을 풀고 감정의 균형을 되찾을 수 있다.

스트레스와 불안을 다루는 것도 마찬가지다. 많은 이들은 스트레스를 피해야 한다고 생각하지만, 중요한 것은 스트레스를 없애는 것이 아니라, 어떻게 반응할 것인가를 배우는 것이다. 뇌가 균형을 찾으면 스트레스에도 더 유연하게 반응하고, 불안을 조절할 힘을 가지게 된다.

뉴로피드백은 스트레스를 완전히 없애는 것이 아니라, 뇌가 필요 이상으로 과도하게 각성되지 않도록 돕는 과정이다. 하루 종일 높은 긴장 상태를 유지하면 뇌는 과부하에 걸리고, 결국 작은 문제에도 쉽게 지치게 된다. 하지만 뉴로피드백을 통해 신경계를 안정화하면, 뇌는 불필요한 긴장을 내려놓고 보다 효과적으로 기능할 수 있다.

뇌를 훈련한다는 것은 새로운 능력을 주입하는 것이 아니라, 이미 내 안에 존재하는 가능성을 자연스럽게 꺼내는 과정이다. 집중력이 부족하다고 해서, 감정 조절이 어렵다고 해서, 불안이 심하다고 해서 그것이 나의 고정된 본성이 되는 것은 아니다. 뇌는 변화할 수 있으며, 그 변화를 통해 더 나은 방향으로 성장할 수 있다.

뇌를 훈련한다는 것은 결국 나를 알아가는 과정이다.

뉴로피드백과 함께하는 명상과 호흡

뉴로하모니, 명상을 만나다.

흔히 뇌를 신경망의 집합체로 이해하지만, 그것은 그 이상으로 복잡하고 유기적인 존재다. 뇌는 우리의 감정과 사고뿐만 아니라, 내면의 평온과 균형을 유지하는 데도 중요한 역할을 한다. 뉴로피드백이 처음 주목받기 시작했을 때는 주의력 향상, 학습능력 개선, 불안 조절과 같은 기능적 측면에서 주로 활용되었다.

그러나 뉴로하모니의 개발자인 박병운 박사는 뇌를 단순히 외부 자극에 반응하는 기제로 보지 않았다. 그는 뇌가 스스로를 조율하고 최적의 상태를 찾아가는 능력을 지닌 유기적 존재라고 이해했다. 박병운 박사는 뉴로피드백이 단순한 훈련 도구가 아니라, 뇌가 스스로 균형을 되찾고 깊은 안정감을 찾을 수 있도록 돕는 과정이어야 한다고 강조했다. 그리고 그 과정에서 가장 효과적인 방법 중 하나로 명상(Meditation)을 제시하였다.

뉴로하모니는 기존 뉴피드백 시스템과 차별화되는 독특한 특징을 가지고 있다. 대부분의 뉴로피드백 시스템은 뇌의 특정 기능을 강화하기 위해 게임 형태로 설계되어 있다. 뇌의 보상 시스템을 활용해 집중을 유지할 때 캐릭터가 움직이거나, 목표에 도달했을 때 시각적 피드백을 제공하는 방식이다.

그러나 뉴로하모니는 이러한 전통적인 방식과는 다른 접근법을 선택했다. 단순히 외부 보상을 통해 뇌를 조절하는 것이 아니라, 뇌 스스로가 최적의 리듬을 찾고 조율할 수 있도록 돕는 명상 기반 뉴로피드백 시스템을 포함하고 있다. 뉴로하모니는 뇌가 외부 자극에 반응하는 데 그치지 않고, 내면의 조화를 이루며 자연스럽게 균형을 찾아가도록 유도한다.

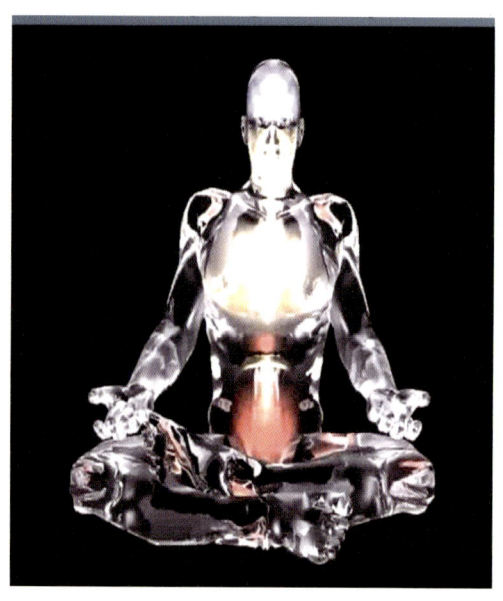

뉴로하모니 브레인헬스 뇌건강2단계

뉴로하모니 브레인헬스 뇌건강 2단계는 각 개인의 뇌파를 정밀하게 분석하고, 이상적인 균형을 찾도록 유도하며, 뇌의 전반적인 조화와 신체적 건강까지 함께 조율할 수 있도록 돕는 시스템이다.

명상은 단순한 휴식이 아니다. 그것은 뇌의 리듬을 조율하고, 신경망을 재구성하며, 깊은 이완 상태를 유도하는 강력한 과정이다. 뉴로하모니의 명상 훈련은 알파파(α)와 세타파(θ)의 증가를 유도하는 방식으로 설계되었다. 알파파는 신경계를 안정시키고 심리적 안정을 촉진하며, 세타파는 창의적 사고와 직관력을 활성화한다.

명상을 수행할 때, 뉴로하모니는 실시간으로 뇌파를 측정하고, 사용자가 목표하는 상태에 가까워질수록 시각적·청각적 피드백을 제공한다. 이를 통해 뇌는 점차 깊은 안정 상태로 진입하며, 명상 초보자도 보다 효과적으로 몰입할 수 있도록 돕는다.

명상을 배우는 과정은 생각보다 어렵다. 명상에 익숙하지 않은 사람들은 자신의 상태를 인지하는 데 어려움을 겪으며, 제대로 하고 있는지 알 수 없는 불확실성 때문에 쉽게 포기하기도 한다. 뉴로하모니의 명상 훈련은 이러한 한계를 극복할 수 있도록 실시간 피드백을 제공하여, 사용자가 자신의 뇌 상태를 즉각적으로 확인하고 조절할 수 있도록 지원한다. 뉴로하모니는 단순한 이완 유도가 아니라, 뇌가 스스로 조율하는 능력을 강화하는 과정을 제공한다.

또한, 뉴로하모니의 명상 훈련은 정신적 안정뿐 아니라 뇌와 신체의 생리적 균형을 맞추는 데에도 긍정적인 영향을 미친다. 규칙적인 명상과 호흡 조절은 스트레스 호르몬인 코르티솔을 감소시키고, 성장 호르몬과 멜라토닌 분비를 촉진하는 데 도움을 준다. 멜라토닌은 수면의 질을 높이며, 성장 호르몬은 신체 회복과 세포 재생을 촉진한다. 뉴로하모니 명상 훈련을 꾸준히 하면 뇌파 안정화뿐만 아니라 호르몬 균형 유지와 신체 회복에도 긍정적인 효과를 기대할 수 있다.

기존 뉴로피드백 기기가 ADHD, 학습장애, 불안 조절과 같은 특정 문제 해결에 초점을 맞추었다면, 뉴로하모니는 더 넓은 가능성을 탐구한다. 박병운 박사는 뉴로피드백이 단순한 증상 완화에 머물러서는 안되며, 뇌가 본래 가지고 있는 자기 조율 능력을 회복하는 과정이 되어야 한다고 보았다. 뉴로하모니는 이 철학을 바탕으로, 명상을 보다 과학적인 방식으로 접근하고 누구나 쉽게 경험할 수 있도록 설계된 시스템이다.

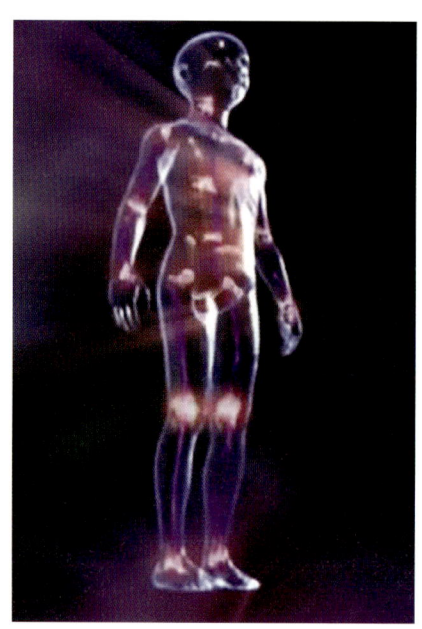

성장 호르몬 Growth

　성장 호르몬은 신체 회복과 세포 재생에 중요한 역할을 하는 물질이다. 뉴로하모니의 명상 기반 뉴로피드백 훈련은 성장 호르몬 분비를 촉진하고, 신경망의 재생을 돕는 방향으로 설계되었다. 깊은 이완 상태를 유도하고, 알파파와 세타파의 균형을 맞추는 과정을 통해 신체가 자연스럽게 회복 모드로 전환되도록 지원한다.
　뉴로피드백과 명상의 결합은 단순한 조합이 아니라 뇌의 기능적 개선과 감정적 균형을 찾는 과정이며, 신경과학과 내면 탐구가 만나는 지점이다. 뉴로하모니의 명상 훈련은 단순한 이완을 넘어, 뇌가 스스로 최적의 상태를 찾아갈 수 있도록 돕는 여정이자, 자기를 깊이 이해하는 도구가 된다.

뇌는 본래 스스로를 조율하는 능력을 지니고 있다.

뉴로하모니는 그 능력을 깨우는 열쇠가 되어준다.

뉴로피드백, 어디서나 뇌를 훈련하다

과거에는 '뇌'에 대해 깊이 알지 못한 채 살아왔다. 단순히 생각하고, 기억하고, 감정을 느끼는 기관 정도로만 여겼을 뿐, 그 작동 원리나 최적의 상태를 유지하는 방법에 대한 이해는 부족했다. 그러나 현대 신경과학은 뇌의 활동이 단순한 생리적 현상이 아니라, 조율과 균형을 통해 최상의 성과를 발휘하는 하나의 '리듬'이라는 사실을 밝혀냈다. 마치 오케스트라가 다양한 악기의 화음을 통해 완벽한 음악을 만들어내듯, 각기 다른 역할을 하는 뇌파가 조화를 이루며 조율될때 뇌는 가장 효과적으로 작동한다. 이 조율을 돕는 혁신적인 도구가 바로 뉴로하모니 뉴로피드백 훈련이다.

뉴로피드백의 목표는 특정 뇌파를 단순히 강화하는 것이 아니라 좌뇌와 우뇌의 균형을 맞추고, 감각과 운동을 조율하며, 집중과 이완을 효과적으로 조절하는 것이 핵심이다. 개인의 신경 활동을 분석하여 최적화된 상태를 찾아내고, 뇌가 스스로 조절하는 능력을 키울 수 있도록 지원한다. 뉴로하모니는 이러한 뇌 훈련을 어디서나 가능하게 한다. 더 이상 연구실이나 의료 기관에 가지 않아도, 일상 속에서 뇌의 리듬을 조율하고 스스로를 훈련할 수 있는 시대가 열린 것이다.

학습과 뉴로하모니
더 나은 집중과 기억력 위하여

학습은 단순히 반복을 통해 이루어지는 과정이 아니다. 효과적인 학습이 가능하기 위해서는 주의력의 지속성, 작업기억의 활성화, 정보의 체계적인 인코딩과 회상이 유기적으로 작동해야 한다. 이러한 인지 기능은 주로 전두엽, 해마, 시상, 전대상피질 등의 고차원적인 뇌 네트워크가 조율하며, 뇌파의 리듬 또한 그 작동의 질을 결정하는 중요한 요소로 작용한다.

그러나 주의력결핍장애(ADD)나 학습장애(LD)를 겪는 아동은 이러한 회로의 기능이 저하되어 인지 효율성이 떨어지며, 특히 세타파(θ)의 과도한 활성과 베타파(β)의 부족은 주의력과 정보 처리에 치명적인 영향을 미친다. 뉴로하모니는 바로 이러한 비정상적 뇌파 패턴을 실시간으로 감지하고 조율함으로써, 뇌 기능을 최적화하는 데 중점을 둔 뉴로피드백 시스템이다.

대표적인 연구로는 조엘 루바(Joel Lubar)가 수행한 ADD 아동 대상 뉴로피드백 실험이 있다. 그는 약 900명의 아동을 대상으로 뉴로피드백 훈련을 실시하였으며, 그 결과 훈련을 받은 아동들의 IQ가 평균 10~15점 상승하는 변화를 보였다고 보고하였다. 이 연구는 단순히 학습 환경이나 교실 내 지도의 변화가 아닌, 뇌의 생리적 작동 방식 자체를 조절함으로써 학습 능력을 실질적으로 향상시킬 수 있음을 입증한 사례이다.

국내에서도 변찬석 외(2012)는 학습장애 아동에게 3개월간 주 3회 뉴로피드백 훈련을 적용하여, 주의산만 행동의 현저한 감소와 주의지수의 유의미한 향상을 관찰하였다. 이러한 효과는 전전두엽을 중심으로 한 주의력 조절 회로의 자극과 강화에 따른 결과로 해석된다.

또한, 김진구(2002)는 초등학생을 대상으로 한 연구에서 뉴로피드백 훈련 후 K-ABC 종합지능검사 점수가 평균 10점 이상 상승했다고 발표하였으며, 이는 단순한 주의력 향상을 넘어, 언어 이해, 시공간 처리, 문제 해결 등 다양한 인지 영역에서의 발달을 동반한 결과로 나타났다.

최근에는 SCP(Slow Cortical Potential) 기반 훈련 또한 주목받고 있다. 김혜리 외(2012)는 SCP 프로토콜을 ADHD 아동에게 적용한 연구를 통해, 전두엽피질의 탈동기화 감소, 자기조절력 강화, 감정 억제 능력의 향상 등 뚜렷한 변화가 나타났음을 보고하였다.

이러한 결과들은 뉴로하모니 뉴로피드백이 단순한 훈련 도구가 아니라, 뇌의 리듬을 직접 조절하여 학습 능력을 근본적으로 향상시키는 신경생리학적 개입이라는 점을 명확히 보여준다. 특히, 실시간 뇌파 피드백을 통해 학습자는 자신의 상태를 인식하고 조절할 수 있는 능력을 점진적으로 획득하게 된다. 이는 곧 자기 인식 → 자기 조절 → 자기 효능감으로 이어지는 심리적 성장까지 이끌어낸다. 결국, 뉴로하모니는 학습의 효율성을 높이는 데 있어 단순히 집중력만을 다루는 것이 아니라, 기억력, 정보 처리 속도, 정서 안정, 동기 유발까지 뇌의 총체적 기능을 활성화하는 데 중점을 둔다. 뉴로하모니를 통한 훈련은 학습 보조 수단에 그치는 것이 아니라 인지 성장과 자기조절력 강화를 위한 근본적인 방법이라 할 수 있다.

스포츠와 뉴로피드백
멘탈 관리와 경기력의 향상

운동선수에게 요구되는 것은 체력만이 아니다. 경기 중 순간적인 판단력, 집중력, 그리고 긴장 조절 능력이 경기 결과를 좌우한다. 신체적 훈련만으로 경기력을 극대화하는 데는 한계가 있으며, 강한 멘탈과 안정적인 심리 상태를 유지하는 것이 경기력 향상의 핵심 요소로 작용한다. 이를 위해 뉴로피드백 기본 훈련과 함께 멘탈 강화를 위한 뉴로하모니 명상 훈련이 효과적으로 활용되고 있다.

뉴로하모니 명상 훈련은 뇌파를 조절하여 최적의 심리적 상태를 유도하는 과정으로, 자기 암시와 자기 강화 기법을 포함하고 있어 선수들의 정신적 안정과 경기력 향상에 도움을 준다. 김영숙 등(2016)은 사격과 같이 순간적인 집중력이 중요한 종목에서 뉴로피드백이 핵심적인 역할을 한다는 사실을 발견하였으며, 훈련을 받은 사격 선수들은 경기 중 실수를 줄이고 평정심을 유지하는 데 뚜렷한 효과를 보였다.

김지호(2015)는 뉴로피드백 훈련이 사격 수행 능력 향상과 뇌 활성화에 긍정적인 영향을 미친다는 결과를 보고하였다. 특히 뉴로피드백을 통한 좌우뇌 균형 조절이 순간적인 판단 능력과 집중력 향상에 도움이 된 것으로 나타났다.

김정수 등(2013) 역시 대학 골프 선수들을 대상으로 뉴로피드백과 근력 훈련을 병행한 결과, 신경영양인자의 활성화와 골프 경기력 향상이 동시에 이루어졌음을 확인하였다.

최근에는 스포츠 분야 전반에서 뉴로피드백 훈련의 효과를 규명하려는 다양한 연구가 활발히 이루어지고 있다. 경기력 향상뿐만 아니라, 경기 중 멘탈 컨디션 조절, 스트레스 관리, 심리적 회복력 강화 등 다양한 측면에서 뉴로피드백의 가능성이 주목받고 있다.

정신 건강과 뉴로피드백
감정 조절과 중독 관리

스트레스, 불안, 중독은 뇌의 기능적 균형이 무너졌을 때 자주 나타나는 대표적인 문제들이다. 특히 뇌가 과도하게 활성화되거나 특정 뇌파가 비정상적인 양상을 보일 경우, 감정 조절이 어려워지고 자기조절 능력 또한 현저히 저하된다. 뉴로피드백은 이러한 상태를 교정하고, 뇌가 다시 안정된 리듬을 회복하도록 돕는 효과적인 개입 방법으로 주목받고 있다.

페니스톤(Eugene Peniston)과 쿨코스키(Paul Kulkosky)는 만성 알코올 중독자에게 알파-세타(α-θ) 뉴로피드백 훈련을 적용한 연구에서, 훈련을 받은 집단의 80%가 장기적인 금주에 성공했다고 보고하였다. 이는 기존의 상담 요법보다 훨씬 높은 성공률을 보인 결과로, 뉴로피드백이 중독 관리에 있어 강력한 도구가 될 수 있음을 보여준다. 이들은 이후 베트남 참전 용사의 외상 후 스트레스 장애(PTSD) 치료에도 동일한 프로토콜을 적용하여, 신경계의 과각성 상태를 효과적으로 완화시키는 결과를 얻었다.

불면증 역시 뉴로피드백의 주요 적용 대상 중 하나이다. 수면에 어려움을 겪는 경우, 일반적으로 베타파(β)가 과활성화되어 있거나 알파파(α)가 부족한 상태를 보인다. 이로 인해 수면을 유도하는 뇌의 이완 시스템이 원활하게 작동하지 않으며, 수면의 깊이와 지속 시간 또한 현저히 저하된다. 뉴로피드백을 통해 이러한 뇌파 패턴을 조정하면, 보다 안정된 수면 리듬이 형성되며 전반적인 수면의 질이 향상된다.

우울증의 경우, 좌우뇌 반구의 뇌파 비대칭성이 주요 특징으로 관찰된다. 정규희외(2008)의 연구에 따르면, 우울한 정서 상태에서는 전두엽 알파파의 반구 간 비대칭성과 베타파의 불균형이 뚜렷하게 나타나며, 이는 감정 조절과 에너지 수준 저하와 밀접한 관련이 있는 것으로 보고되었다.

해먼드(D. Corydon Hammond)는 불안 및 정서 장애에 대한 뉴로피드백 개입을 통해, 뇌파의 자율 조절 능력이 회복되며 이로 인해 정서적 안정성과 스트레스 저항력이 향상될 수 있음을 강조하였다. 알파파와 세타파를 증진시키는 뉴로피드백 프로토콜은 감정이 지나치게 고조되거나 억제되는 현상을 조절하고, 뇌의 정서 조절 회로(특히 전두엽과 변연계)의 기능을 회복시키는 데 효과적이다.

이러한 사례와 연구들은 뉴로피드백이 단순한 신경 자극 훈련이 아니라, 감정의 균형을 회복하고 중독적 행동을 조절하는 데 실질적인 효과를 발휘하는 신경심리학적 개입임을 보여준다. 뇌의 흐름이 다시 조화를 이룰 때, 감정은 억제의 대상이 아닌 조율 가능한 내면의 언어로 변화한다. 뉴로피드백은 그러한 변화를 가능하게 하는, 과학과 자기 이해의 교차점에 있는 도구이다.

뉴로하모니 시스템은 이처럼 학습, 스포츠, 정신건강에 효과적인 뉴로피드백 훈련을 어디서나 손쉽게 할 수 있도록 설계된 휴대용 디지털 기기 기반의 시스템이다.

뉴로하모니 뉴로피드백 훈련을 통해 보다 많은 이들이 자신의 뇌 기능을 이해하고 조절하며, 스스로의 삶의 질을 향상시킬 수 있기를 바란다.

그리고 무엇보다, 그 여정 속에서 자신의 내면과 진정으로 마주하고, 마음의 리듬을 스스로 조율해 나가는 힘을 얻게 되기를 바란다.

ⓒ 참고문헌

• Arns, M., Fetz, E., & Birbaumer, N. (2024). In memoriam: Maurice B. (Barry) Sterman (1935–2023), pioneer of SMR neurofeedback "Show me the data." Applied Psychophysiology and Biofeedback, 49(2). https://doi.org/10.1007/s10484-024-09620-x.

• Chartier, D. R., Dellinger, M. B., Evans, J. R., & Bydzynski, H. K. (Eds.). (2023). Introduction to quantitative EEG and neurofeedback (3rd ed.). Academic Press.

• Demos, J. N. (2019). Getting started with EEG neurofeedback (2nd ed.). W.W. Norton & Company.

• Doidge, N. (2018). 스스로 치유하는 뇌. 동아시아.

• Goleman, D., et al. (2022). 명상하는 뇌. 김영사.

• İnce, R., Adanır, S. S., & Sevmez, F. (2020). The inventor of electroencephalography (EEG): Hans Berger (1873–1941). Child's Nervous System, 37(9), 2723–2724.

• Johnson, M. L., Bodenhamer-Davis, E., & Callaway, T. G. (2008). Long-term follow-up of a clinical replication of the Peniston Protocol for chemical dependency. Journal of Neurotherapy, 12(4), 243–259.

• Kamiya, J. (2021). In memoriam: Joe Kamiya, 1926–2021. https://www.researchgate.net/publication/357361820_In_Memoriam_Joe_Kamiya_1926-2021.

• Lubar, J. F. (2024). In memoriam: Joel F. Lubar, PhD. The Foundation for Neurofeedback and Neuromodulation Research. https://thefnnr.org/2024/03/04/in-memoriam-joel-f-lubar-phd.

• Lubar, J. F., & Lubar, J. O. (1984). Electroencephalographic biofeedback of SMR and beta for treatment of attention deficit disorders in a clinical setting. Biofeedback and Self-regulation, 9(1), 1–23.

• Naro, A., Billeri, L., Colucci, V. P., Cause, M., Di Domenico, C., Ciatto, L., Bramanti, P., Bramanti, A., & Calabrò, R. (2020). Brain functional connectivity in chronic tic disorders and Gilles de la Tourette syndrome. Progress in Neurobiology, 194, 101888. https://doi.org/10.1016/j.pneurobio.2020.101888

• Recanzone, G. H., Schreiner, C. E., & Merzenich, M. M. (1993). Plasticity in the frequency representation of primary auditory cortex following discrimination training in adult owl monkeys. Journal of Neuroscience, 13(1), 87–103.

• Robbins, J. (2000). A symphony in the brain: The evolution of the new brain wave biofeedback. Atlantic Monthly Press.

• Robbins, J. (2008). A symphony in the brain: The evolution of the new brain wave biofeedback. Grove Press.

• Roberts, T. A., & Kraft, R. H. (1989). Developmental differences in the relationship between reading comprehension and hemispheric alpha pattern: An EEG study. Journal of Educational Psychology, 81(3), 322–328.

• Scott, W. (2000, May). Alpha/theta training. Paper presented at EEG Spectrum Conference, Philadelphia, PA.

• Shepherd, G. M. (1991). Foundations of the Neuron Doctrine. Oxford University Press.

• Willson, F. A., Scalaidhe, S. P. Ó., & Goldman-Rakic, P. S. (1993). Dissociation of object and spatial processing domains in primate prefrontal cortex. Science, 260(5116), 1955–1958.

• 강봉균, 외. (2018). 신경과학: 뇌의 탐구 (4판). 바이오메디북.

• 김대식, & 최장욱 (편저). (2001). 뇌파검사학. 고려의학.

• 김도원, 외. (2017). 뇌파의 이해와 응용. 학지사.

• 김지호. (2014). 최고수행 뇌파유도 뉴로피드백 훈련이 사격수행 및 조준시 뇌 성화에 미치는 영향: 단일사례연구. 울산대학교 석사학위논문.

• 노두환. (2012). 뉴로피드백 훈련에 따른 농구동호인들의 집중력 및 운동수행능력. 영남대학교 석사학위논문.

• 대한뇌파연구회 (2017). 뇌파분석의 기법과 응용

ⓒ 참고문헌

- 대한신경정신의학회 임상뇌파정도관리위원회. (2023). 정신과 의사를 위한 임상 뇌파. 대한신경정신의학회 출판부.

- 박문호. (2013). 그림으로 읽는 뇌과학의 모든 것. 휴머니스트출판그룹.

- 박병운. (2024). 뇌교육사. 한국정신과학연구소출판부.

- 박인순, & 박병운. (2003). 뉴로피드백을 이용한 뇌기능 최적화 연구: 임상사례 중심. 한국정신과학회.

- 배오성. (2010). 뇌과학 뉴로피드백의 불치병 치료 효과. 한국정신과학회.

- 백기자, 외. (2006). 정상인 집단과 비만인 집단간의 뇌파차이 분석. 한국정신과학회.

- 서대원. (2022). 알기 쉬운 뇌파. 우리의학서적.

- 송영선. (2007). 뉴로피드백 훈련이 간호대학생의 창의성 증진에 미치는 효과. 한국간호교육학회지.
이승환

- 이승환. (2023). 뇌파를 알면 사람이 보인다. 학지사.

- 이영지, 외. (2014). 소아청소년 주의력결핍 과잉행동장애에서 뉴로피드백의 효과. 생물치료정신의학.

- 이원택, & 박정아. (2008). 의학신경해부학 (4판). 고려의학.

- 이창훈, 외. (2014). 주요우울장애 환자의 자살시도와 임상평가 척도 결과의 차이. 생물치료 정신의학.
이승환 (2023). 뇌파를 알면 사람이 보인다

- 이영지, 외. (2014). 소아청소년 주의력결핍 과잉행동장애에서 뉴로피드백의 효과. 생물치료정신의학.

- 이원택, & 박정아. (2008). 의학신경해부학 (4판). 고려의학.

- 이창훈, 외. (2014). 주요우울장애 환자의 자살시도와 임상평가 척도 결과의 차이. 생물치료정신의학

뉴로피드백의 세계
NEUROHARMONY
NEUROFEEDBACK
뉴로하모니 임상사례집

첫째판 1쇄 인쇄	2025년 8월 15일
첫째판 1쇄 발행	2025년 8월 15일
2쇄 발행	2025년 10월 29일

지 은 이	김서영
펴 낸 이	김서영
편 집 인	김동원
디 자 인	김동원
펴 낸 곳	브레인하모니주식회사 출판등록 2025년 5월 28일 (제2025-000044호)
주 소	서울시 성동구 행당로84 한진타운 B1층 002호
전자우편	kaymi6174@gmail.com
전화번호	02-2253-5323
I S B N	979-11993423-0-9

저작권 안내
본 도서의 내용은 저작권법에 의해 보호받습니다. 저자의 하락 없이 본 도서의 일부 또는 전부를 무단으로 복제, 전송, 배포, 판매, 인터넷 게시하는 행위는 법적 제재를 받을 수 있습니다.